손으로 생각하는 사고력 수학 시리즈

챌린지 CHALLENGE

폴리아몬드

몬스터매스 챌린지의 활용법

1 폴리아몬드를 활용하여 수학의 5대 영역(수와 연산, 도형, 측정, 자료와 가능성, 규칙성)의 내용을 골고루 학습합니다.

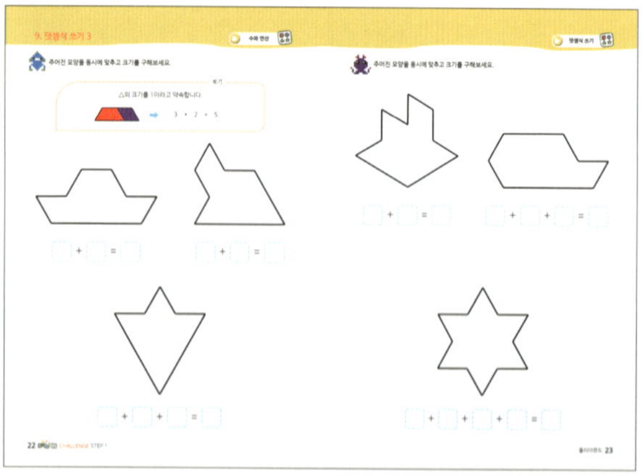

2 폴리아몬드의 수학적 의미에 대한 스토리는 아이들에게 흥미를 이끌어내도록 합니다.

3 아이들의 흥미를 위해 놓아보기( ), 색칠하기( ), 연필로 그려보기( ) 등 다양하게 활동하도록 합니다.

4 티칭 가이드를 통해 주제에 따른 학습 내용과 지도에 대한 팁을 활용합니다.

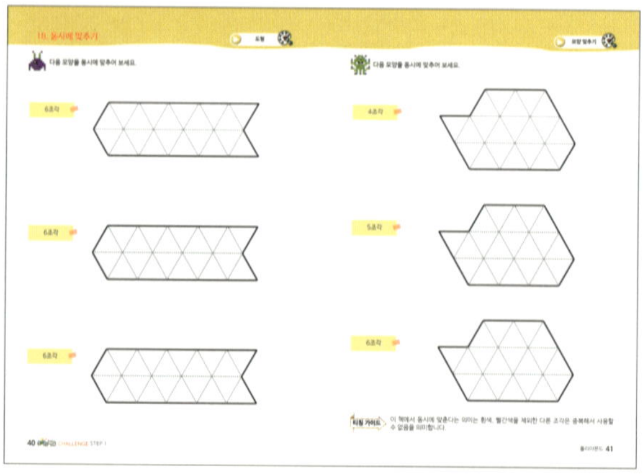

학습효과

1. 수학의 5대 영역에 대하여 폭넓게 익히고, 경험할 수 있습니다.
2. 특히 영재성의 기본인 공간지각력을 키우고, 공간 구조를 익힐 수 있습니다.
3. 어려운 문제를 해결해냄으로써 성취감을 높여줍니다.
4. 문제 해결을 위한 전략적인 사고는 생각하는 힘을 길러줍니다.

CONTENTS

너무 재미있겠다~
빨리 빨리
시작해요~

STORY

폴리아몬드 이야기

폴리아몬드(polyamonds)는 크기가 같은 여러 개의 정삼각형을 변끼리 붙여 만든 도형을 말합니다.

이때, 붙어있는 정삼각형의 개수에 따라 이름을 다르게 붙입니다.

정삼각형 1개 : 모니아몬드 (Moniamond)

정삼각형 2개 : 다이아몬드 (Diamond)

정삼각형 3개 : 트리아몬드 (Triamond)

정삼각형 4개 : 테트리아몬드 (Tetriamond)

정삼각형 5개 : 펜티아몬드 (Pentiamond)

정삼각형 6개 : 헥시아몬드 (Hexiamond)

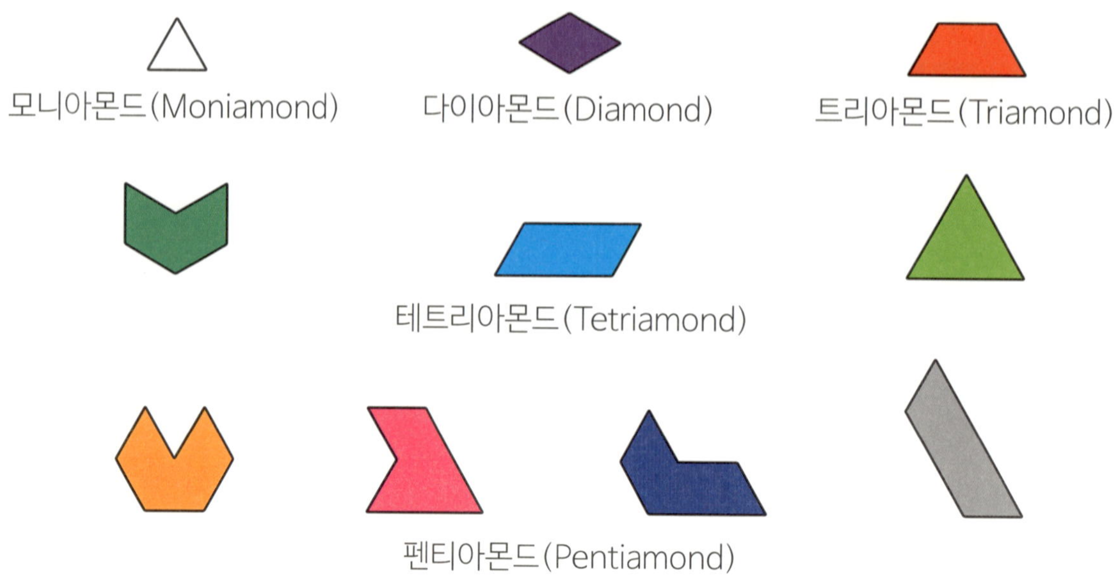

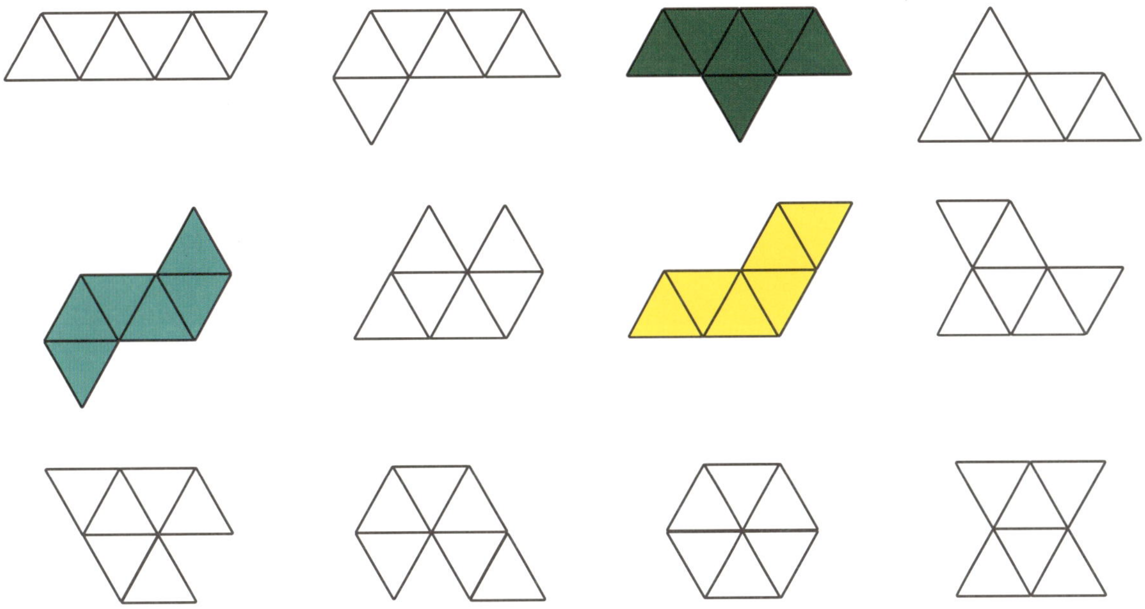

헥시아몬드 (hexiamond)

챌린지 시리즈에서는 헥시아몬드 12가지 중 3가지만 사용합니다.

폴리아몬드를 활용하여
모양 만들기 뿐만 아니라
덧셈식, 뺄셈식, 합동, 닮음, 크기, 둘레에 대하여
다양한 활동을 할 수 있습니다.
폴리아몬드의 여러 활동을 통해
집중력, 공간지각력, 문제해결력 및 창의력을 기를 수 있습니다.

△의 크기를 1이라고 약속합니다. 다음 모양을 크기가 1인 삼각형 조각들로 맞추고 크기를 써넣으세요. 각 조각들의 이름도 약속해 보세요.

 = 1

조각들의 재미있는 이름을 지어보자!

다음 모양을 크기가 1인 삼각형 조각들로 맞추고 크기를 써넣으세요.
각 조각들의 이름도 약속해 보세요.

폴리아몬드에 대해서 알아보고 주어진 물음에 답하세요.

폴리아몬드란 정삼각형을 변끼리 붙여서 만든 서로 다른 도형을 말합니다.

 한 조각으로 만들 수 있는 모양을 모니아몬드(Moniamond),

 두 조각으로 만들 수 있는 모양  을 다이아몬드(Diamond)라고 합니다.

다이아몬드에 정삼각형 1조각을 붙여서 만들 수 있는 모양을 모두 찾아보세요.
이때 돌리거나 뒤집어서 같아지는 것은 한 가지로 생각합니다.

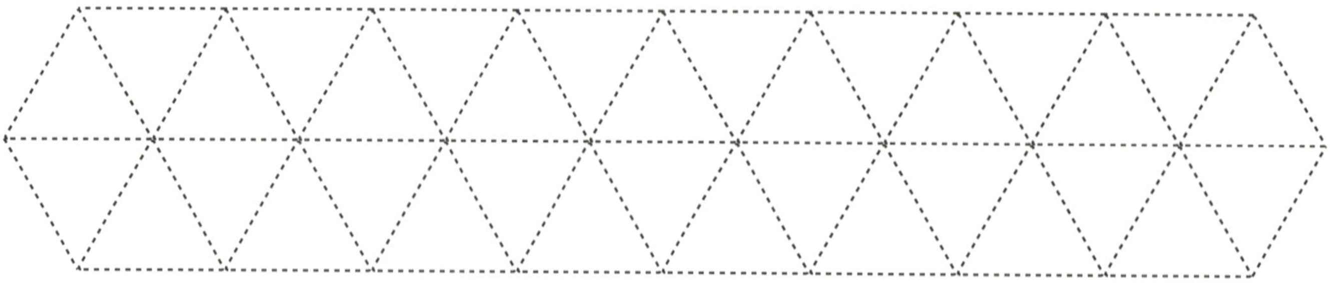

* 위에서 찾은 모양을 트리아몬드(Triamond)라고 합니다.

트리아몬드에 정삼각형 1조각을 붙여서 만들 수 있는 모양을 모두 찾아보세요.
이때 돌리거나 뒤집어서 같아지는 것은 한 가지로 생각합니다.

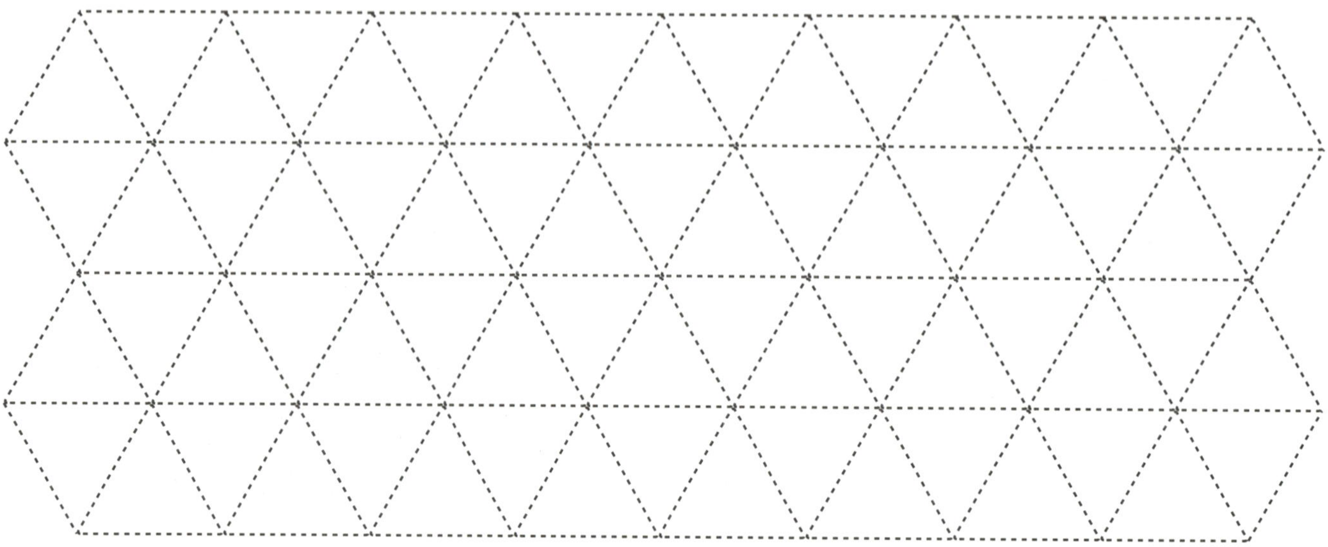

* 위에서 찾은 모양을 테트리아몬드(Tetriamond)라고 합니다.

테트리아몬드에 정삼각형 1조각을 붙여서 만들 수 있는 모양을 모두 찾아보세요. 이때 돌리거나 뒤집어서 같아지는 것은 한 가지로 생각합니다.

* 위에서 찾은 모양을 펜티아몬드(Pentiamond)라고 합니다.

3. 폴리아몬드 구성알기 2

펜티아몬드에 정삼각형 1조각을 붙여서 만들 수 있는 모양을 모두 찾아보세요. 이때 돌리거나 뒤집어서 같아지는 것은 한 가지로 생각합니다.

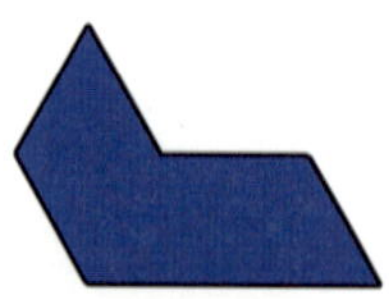

펜티아몬드에 정삼각형 1조각을 붙여서 만들 수 있는 모양을 모두 찾아보세요. 이때 돌리거나 뒤집어서 같아지는 것은 한 가지로 생각합니다.

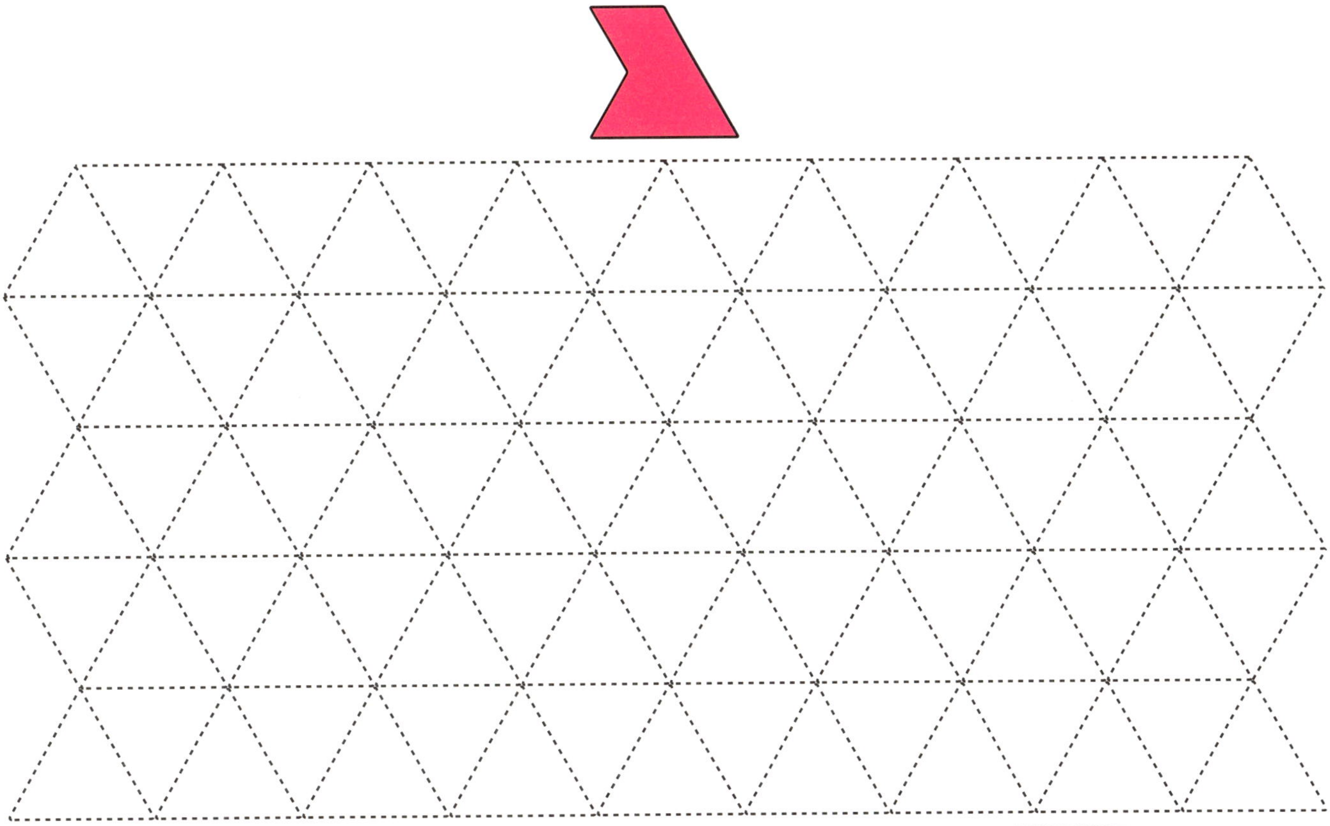

10, 11쪽에서 찾은 모양을 헥시아몬드(Hexiamond)라고 합니다. 이 중 우리가 사용할 조각을 찾아 ◯ 하세요.

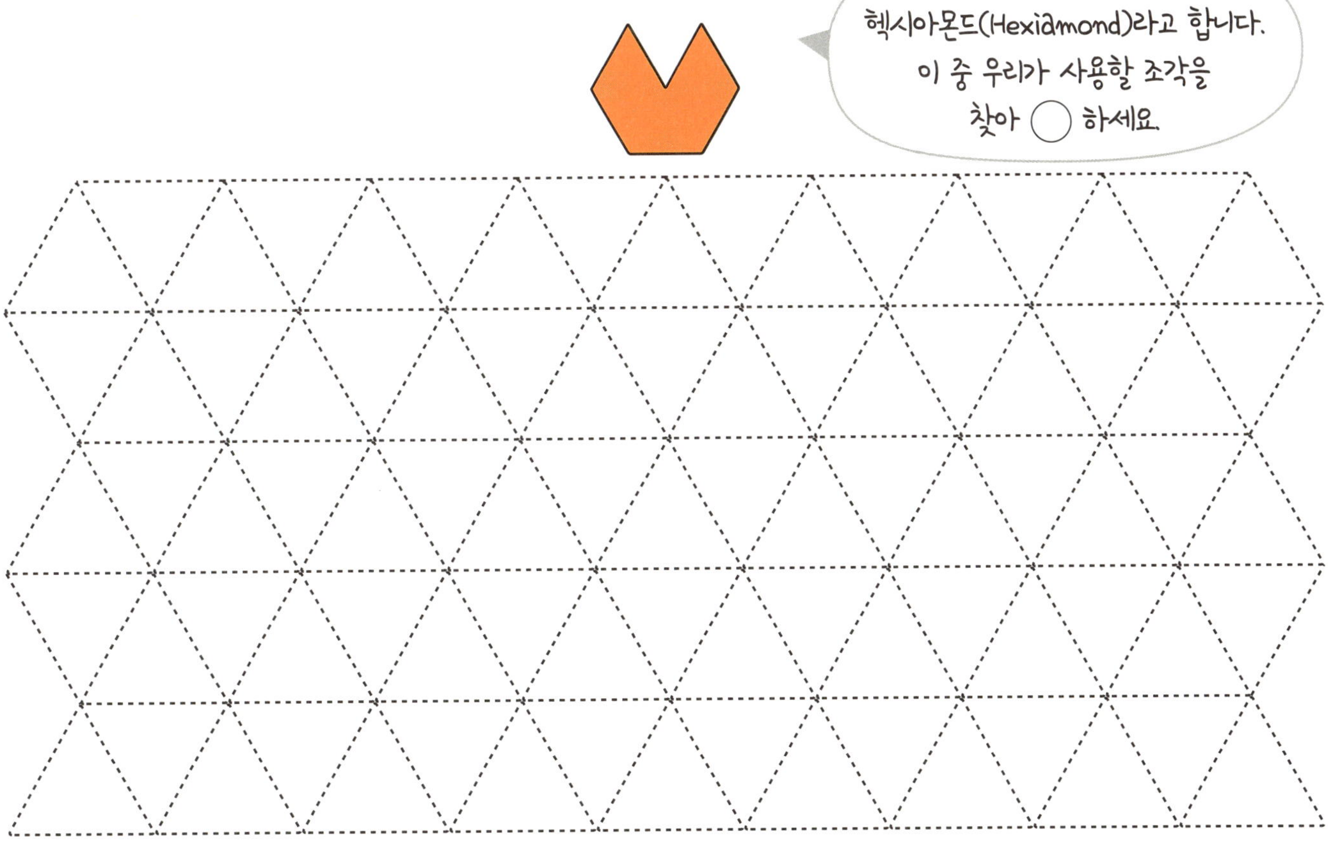

4. 변끼리 붙인 도형

다음의 두 도형을 변끼리 붙여서 만들 수 있는 모양을 찾아보세요. 이때 돌리거나 뒤집어서 같아지는 것은 한 가지로 생각합니다.

다음의 두 도형을 변끼리 붙여서 만들 수 있는 모양을 찾아보세요. 이때 돌리거나 뒤집어서 같아지는 것은 한 가지로 생각합니다.

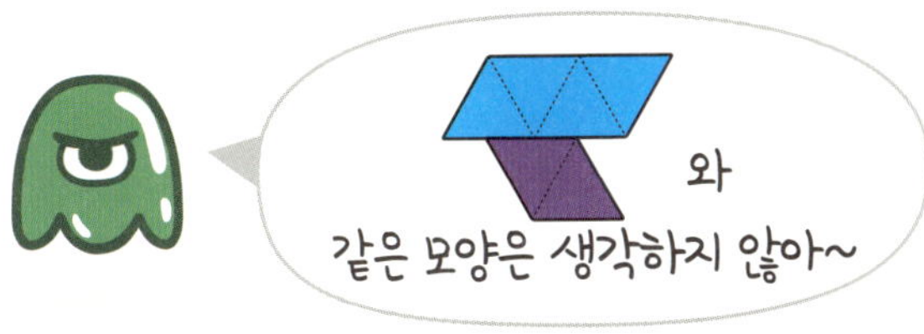

삼각형을 맞추고 처음 삼각형 ㉮보다 몇 배 커졌는지 알아보세요.

㉮

크기 : 1

크기 : ____________

길이는 [　　] 배, 크기는 [　　] 배 커졌습니다.

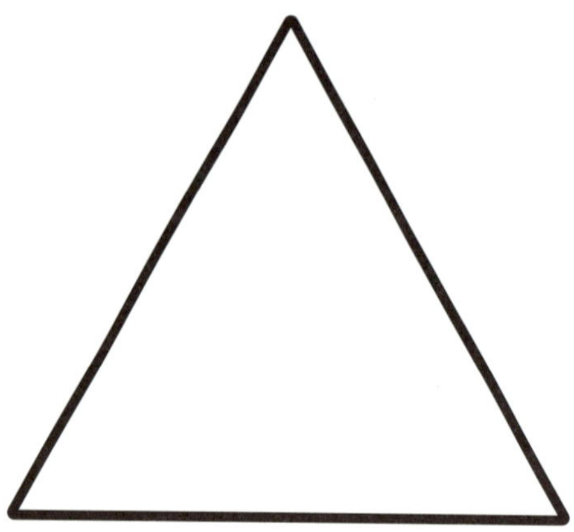

크기 : ____________

길이는 [　　] 배, 크기는 [　　] 배 커졌습니다.

삼각형을 맞추고 처음 삼각형 ㉮보다 몇 배 커졌는지 알아보세요.

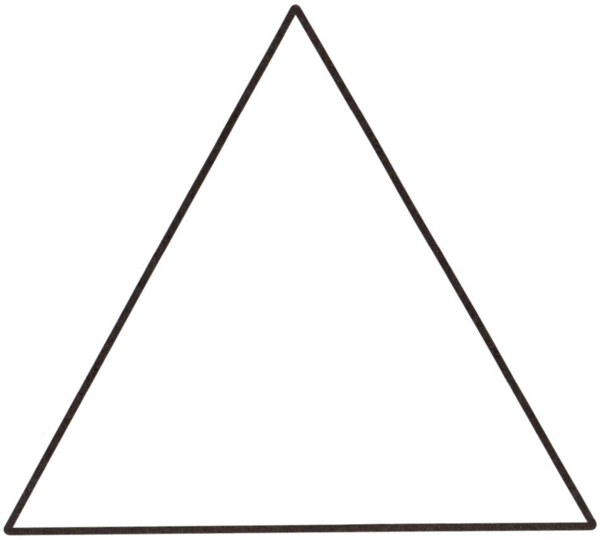

크기 : ____________

길이는 ☐ 배, 크기는 ☐ 배 커졌습니다.

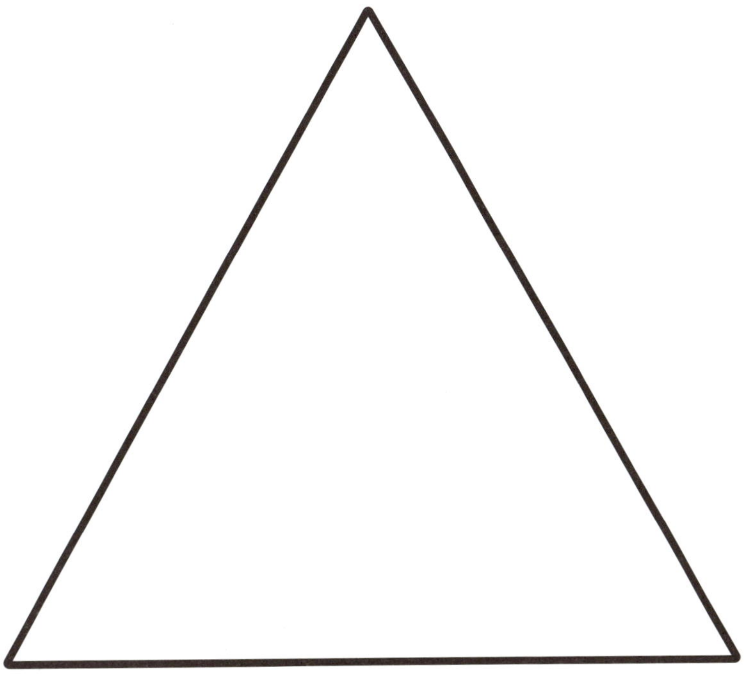

크기 : ____________

길이는 ☐ 배, 크기는 ☐ 배 커졌습니다.

6. 길이와 크기 관계 2

측정

작은 삼각형의 크기를 1이라고 합니다. 오각형을 맞추고 처음 오각형 ㉯보다 몇 배 커졌는지 알아보세요.

㉯

크기 : ____________

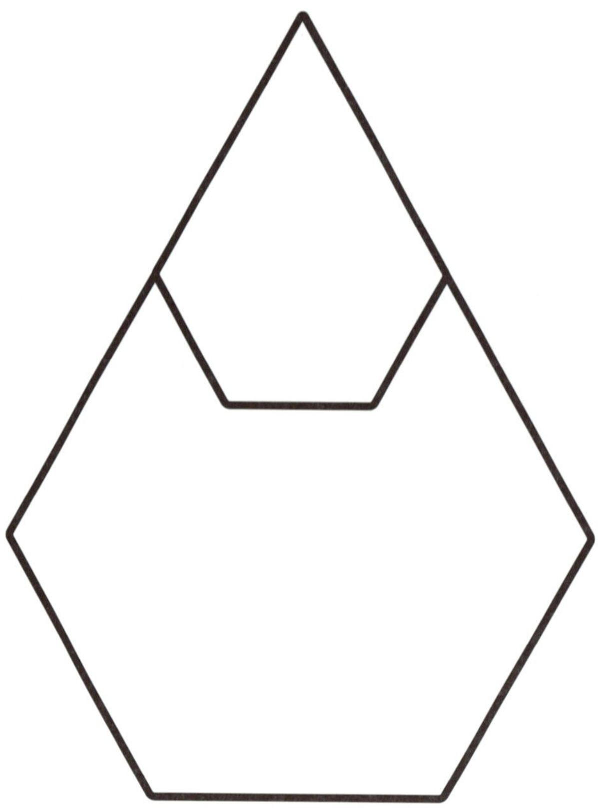

크기 : ____________

길이는 [ ] 배, 크기는 [ ] 배 커졌습니다.

오각형을 맞추고 처음 오각형 ㉯보다 몇 배 커졌는지 알아보세요.

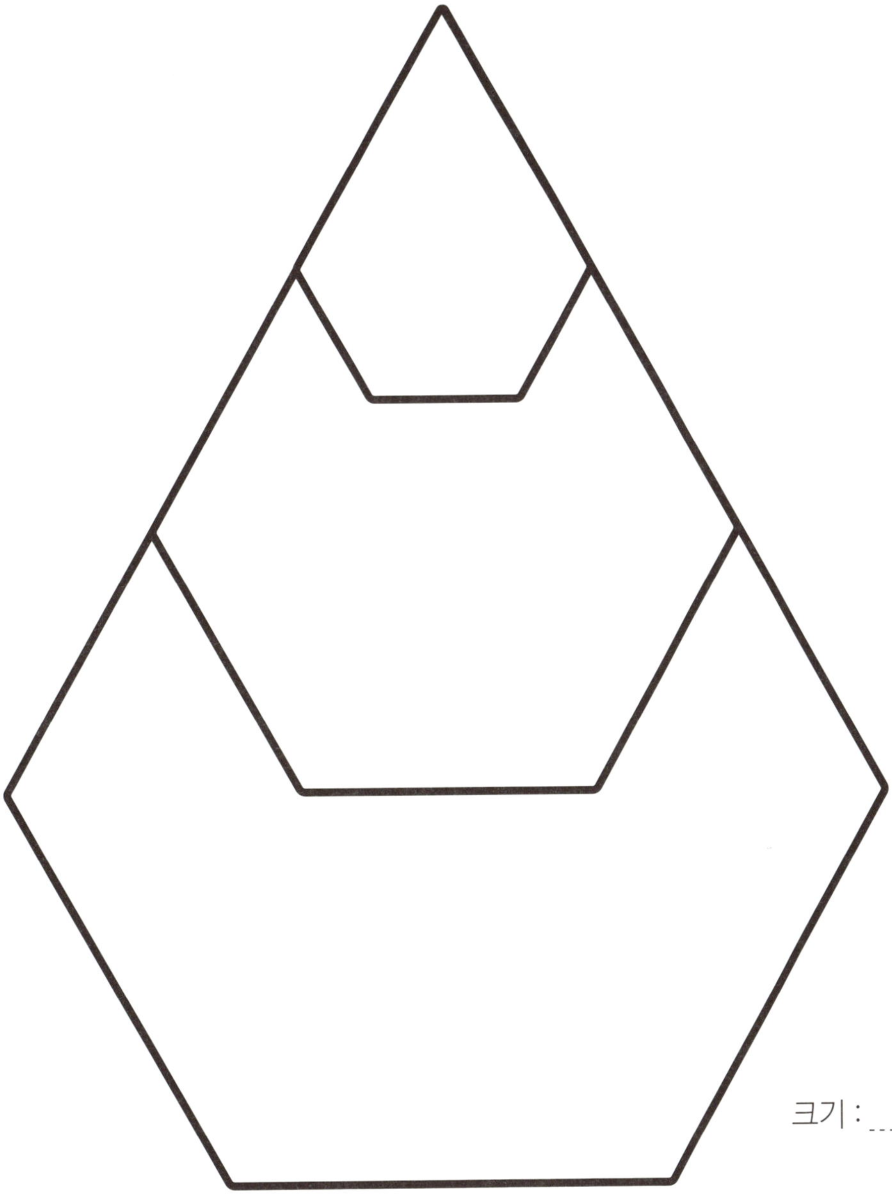

크기 : ....

길이는 [ ] 배, 크기는 [ ] 배 커졌습니다.

육각형을 맞추고 처음 육각형 ㉰보다 몇 배 커졌는지 알아보세요.

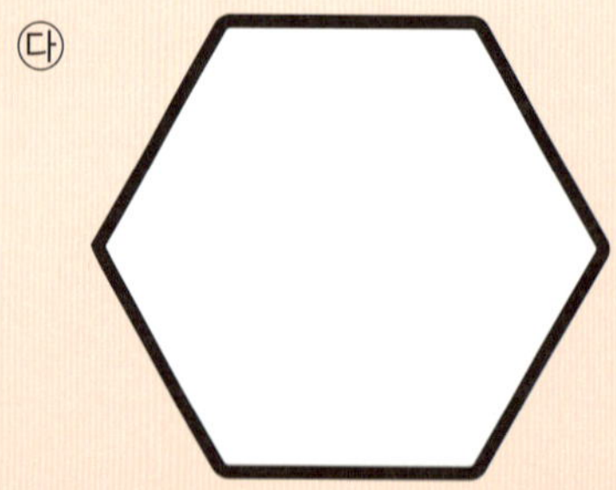

크기 : ____________

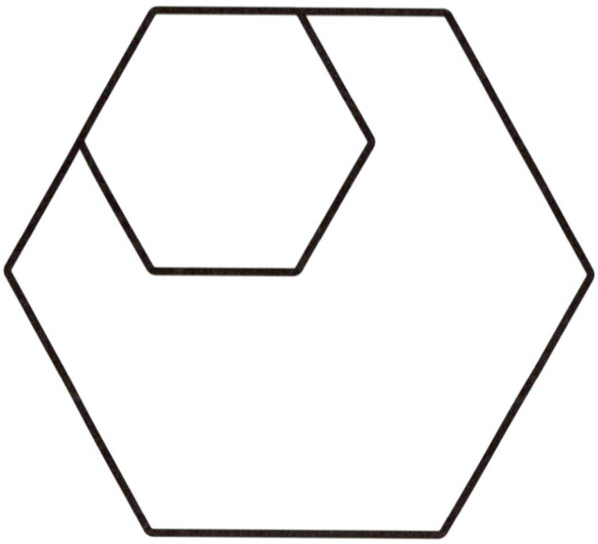

크기 : ____________

길이는 [ ] 배, 크기는 [ ] 배 커졌습니다.

육각형을 맞추고 처음 육각형 ㉰보다 몇 배 커졌는지 알아보세요.

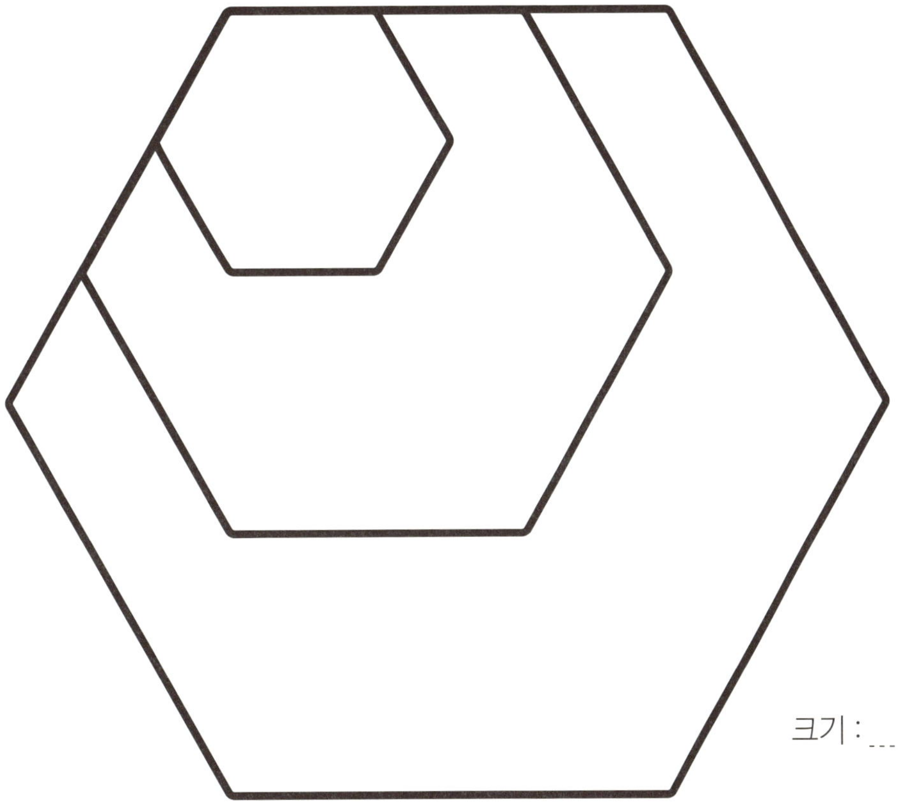

크기 : ____________________

길이는 ☐ 배, 크기는 ☐ 배 커졌습니다.

8. 도형의 변신 1

사다리꼴을 맞추고 맞춘 조각들을 사용하여 평행사변형을 맞추어 보세요.
이때, 흰색 정삼각형은 사용하지 않습니다.

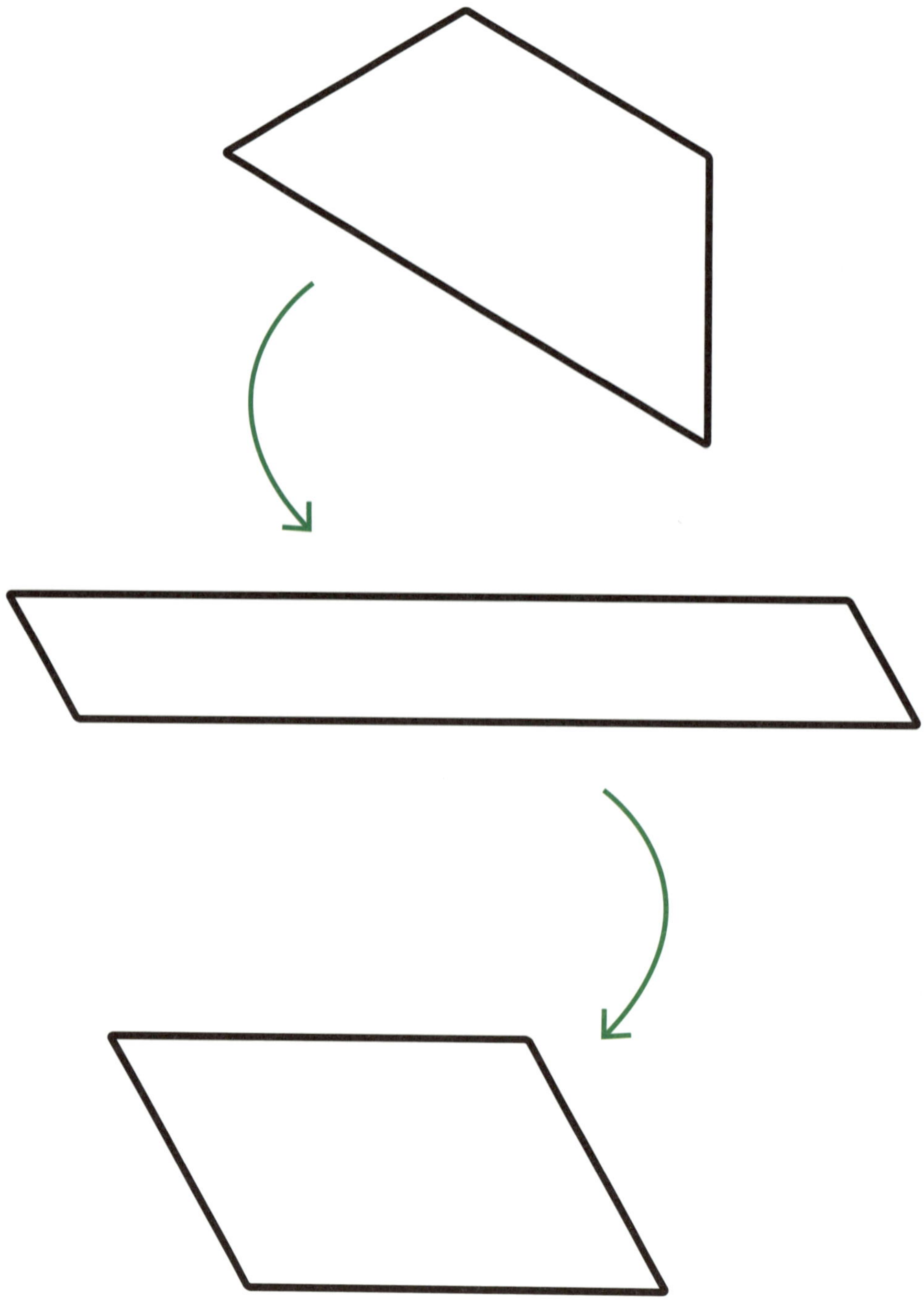

평행사변형을 맞추고 맞춘 조각들을 사용하여 육각형을 맞추어 보세요.
이때, 흰색 정삼각형은 사용하지 않습니다.

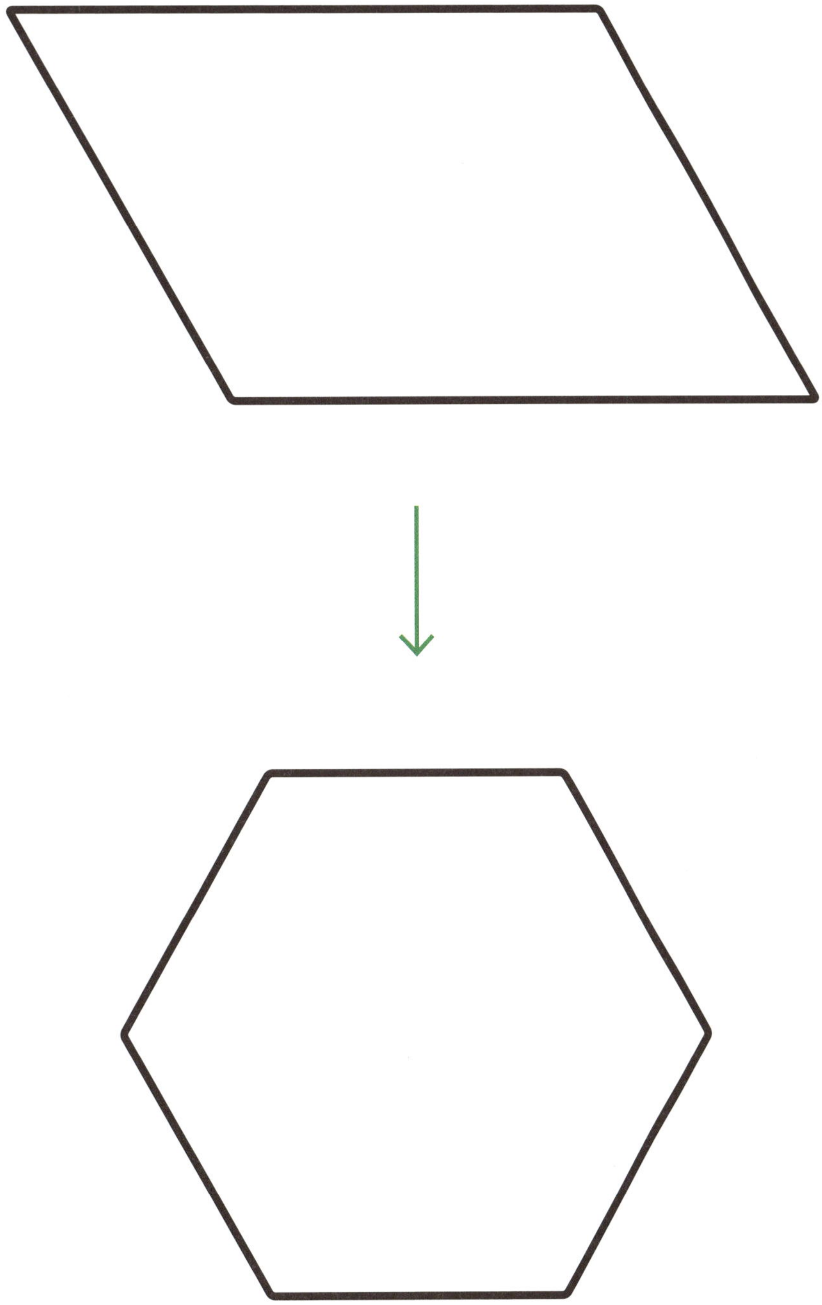

육각형에 한 조각을 추가하여 오각형을 만들어 보세요.

9. 도형의 변신 2

사다리꼴을 맞추고 맞춘 조각들을 사용하여 평행사변형을 맞추어 보세요.
이때, 흰색 정삼각형은 사용하지 않습니다.

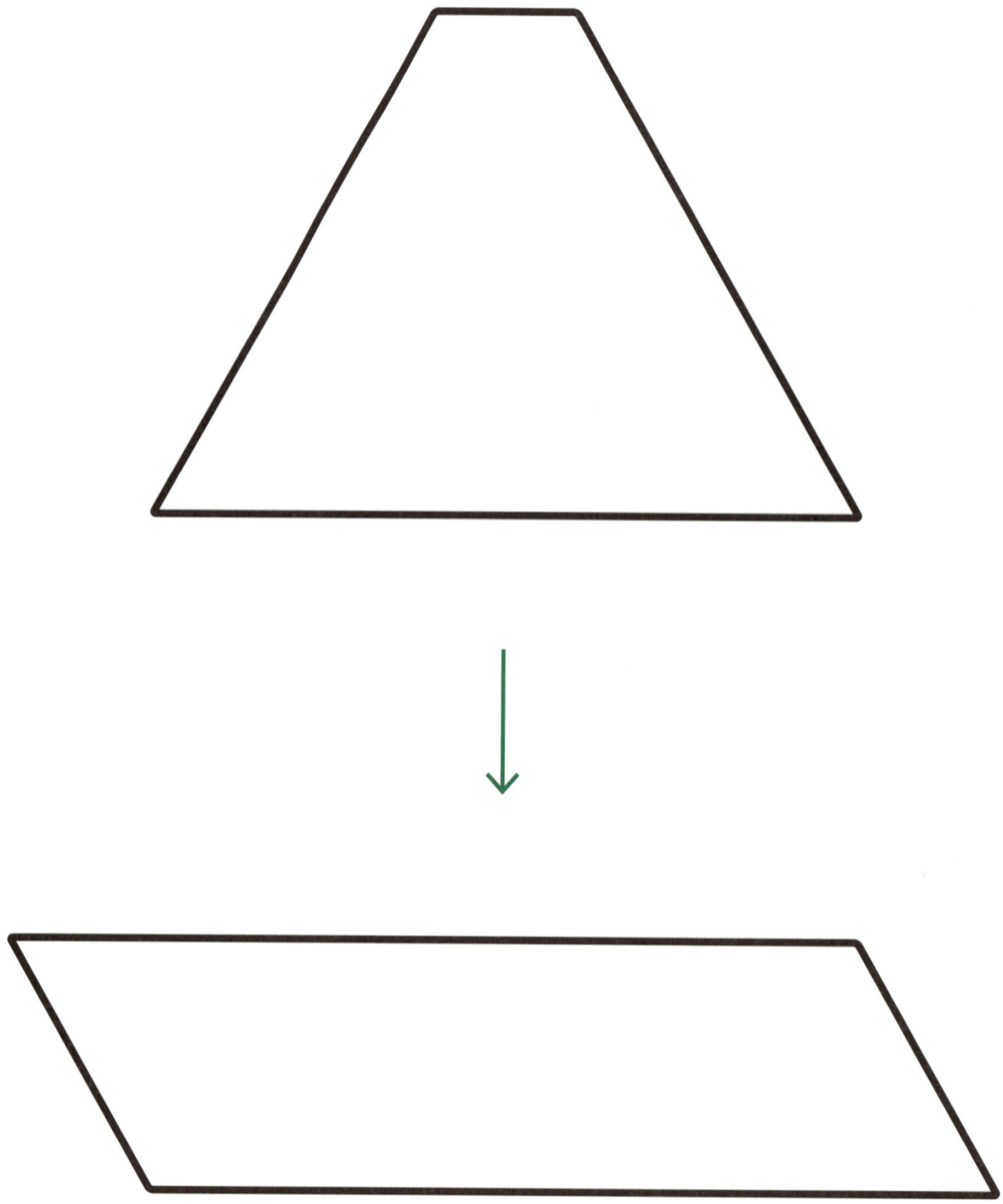

오각형을 맞추고 맞춘 조각들을 사용하여 육각형을 맞추어 보세요.
이때, 흰색 정삼각형은 사용하지 않습니다.

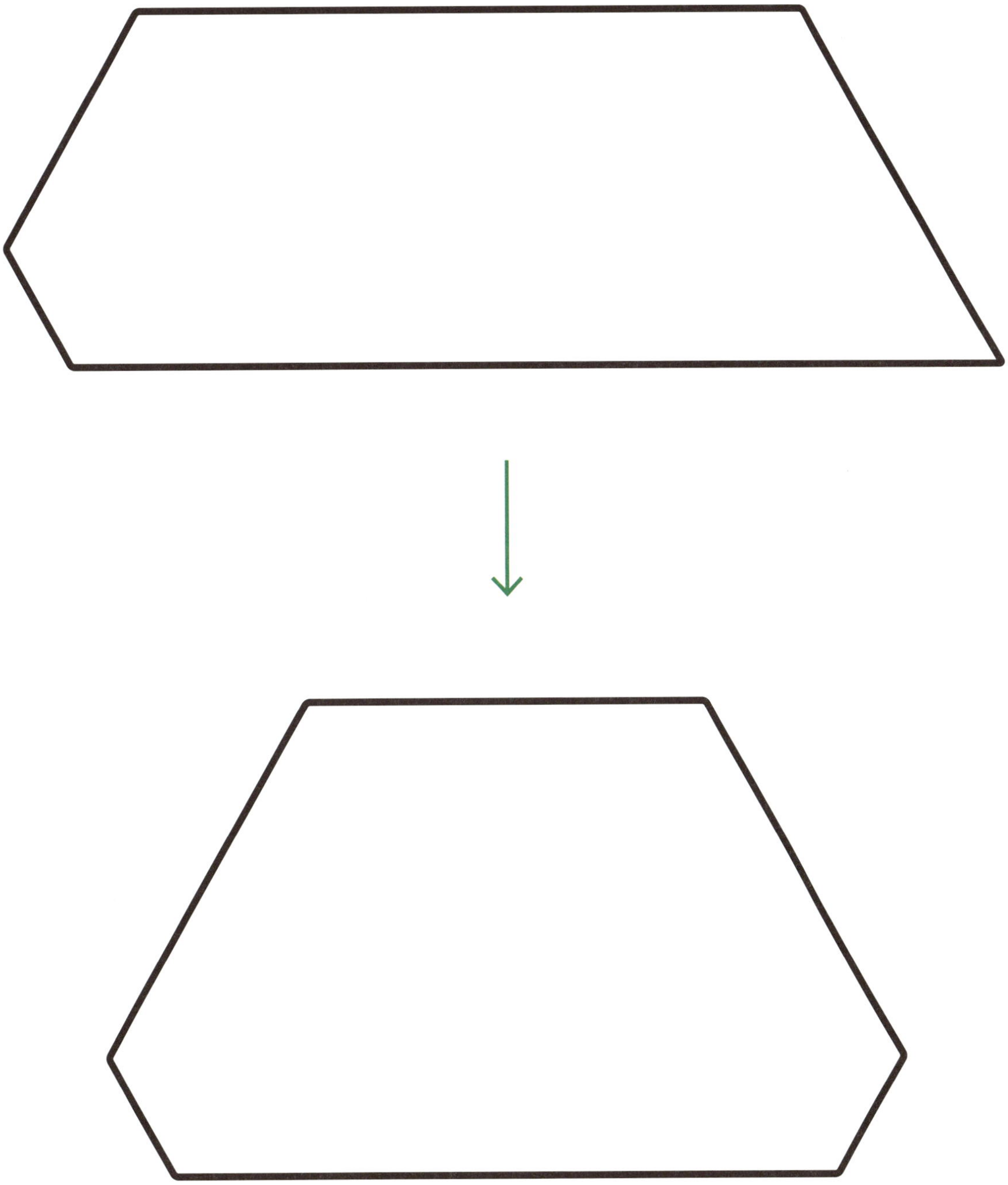

분수에 대해서 알아봅시다.

보기

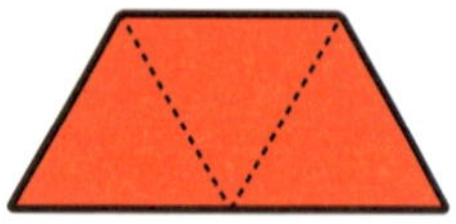

△는 전체를 똑같이 3으로 나눈 것 중의 1이며

이를 $\frac{1}{3}$이라 쓰고, **3분의 1**이라고 읽습니다.

$\frac{1}{3}$과 같은 수를 **분수**라고 합니다.

$\frac{1}{3}$ ← **분자** (1), **분모** (3)

빈칸에 알맞은 답을 쓰세요.

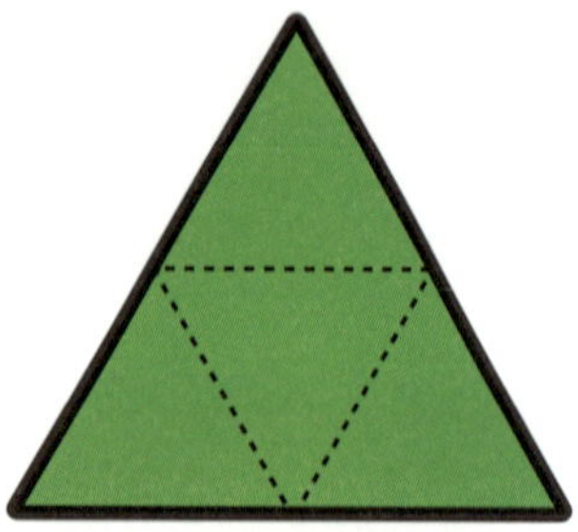

△는 전체의 $\frac{\square}{\square}$

읽기 : ....

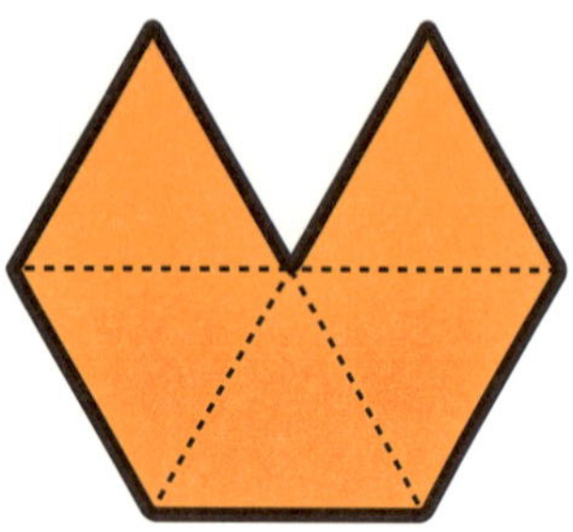

△는 전체의 $\frac{\square}{\square}$

읽기 : ....

빈칸에 알맞은 답을 쓰세요.

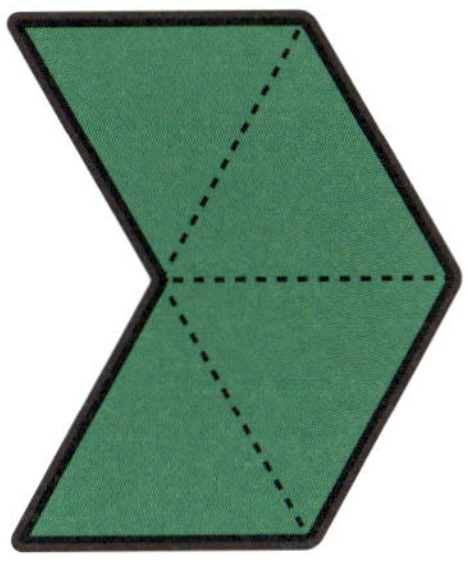

 는 전체의 $\frac{\square}{\square}$

읽기 :

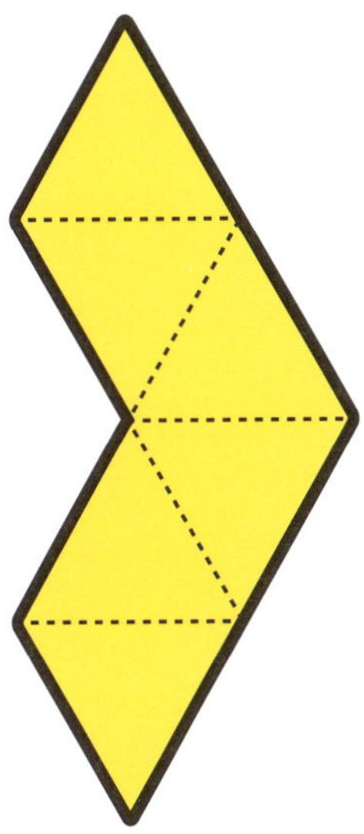

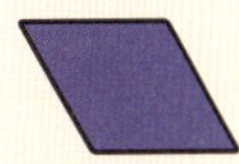 는 전체의 $\frac{\square}{\square}$

읽기 :

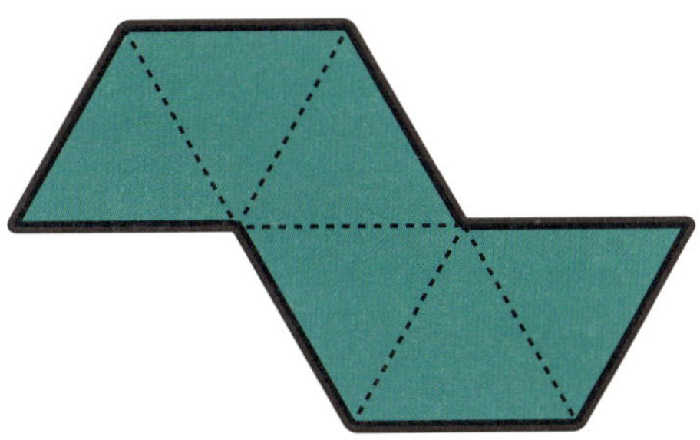

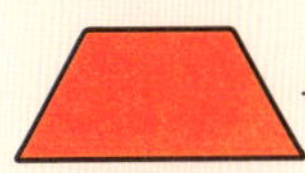 는 전체의 $\frac{\square}{\square}$

읽기 :

티칭 가이드 오른쪽 모양으로 똑같이 나누어 보세요.

주어진 물음에 알맞은 답을 쓰세요.

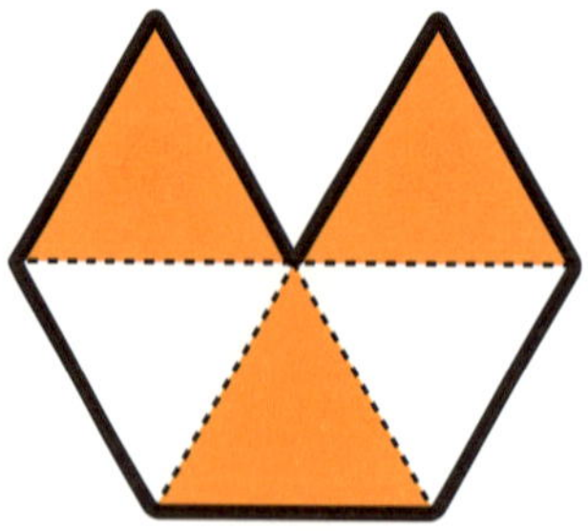 에서

부분 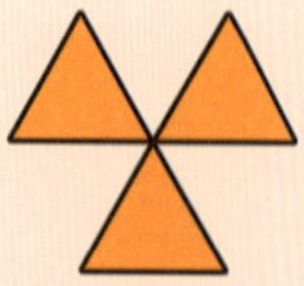 은 전체 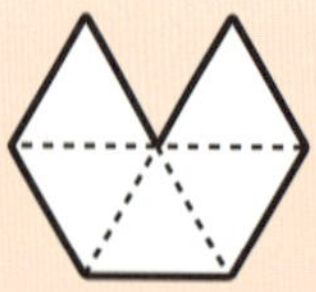 를 똑같이

□(으)로 나눈 것 중의 □이므로 $\frac{□}{□}$ 입니다.

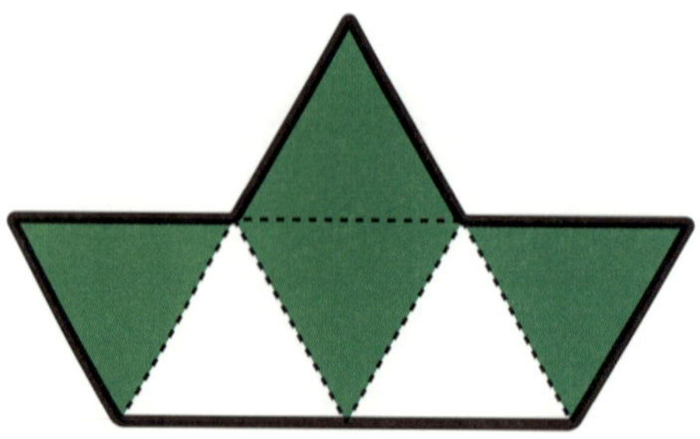 에서

부분  은 전체 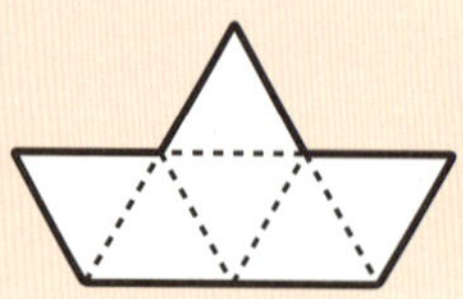 를 똑같이

□(으)로 나눈 것 중의 □이므로 $\frac{□}{□}$ 입니다.

주어진 물음에 알맞은 답을 쓰세요.

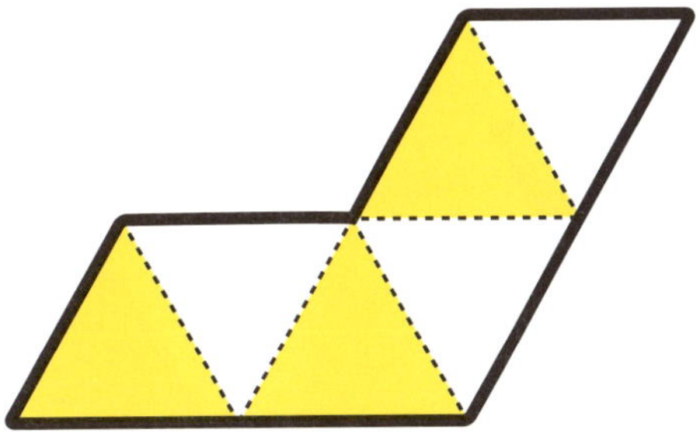 에서

부분 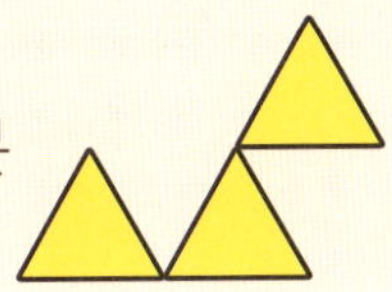 은 전체 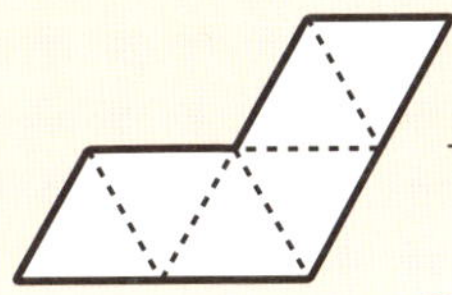 를 똑같이

☐(으)로 나눈 것 중의 ☐이므로 $\frac{☐}{☐}$ 입니다.

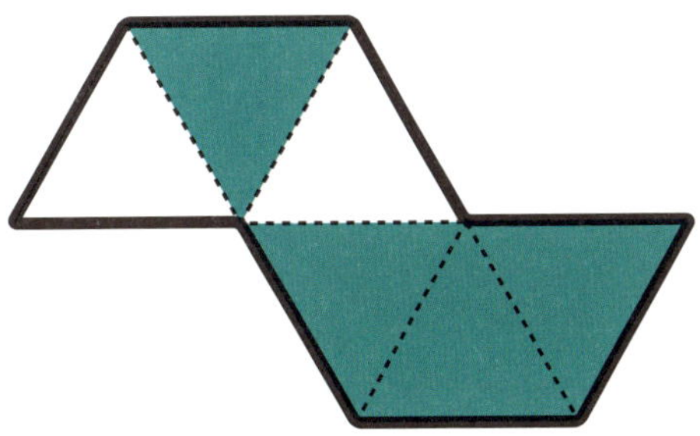 에서

부분 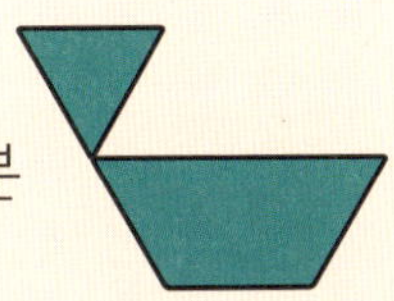 은 전체 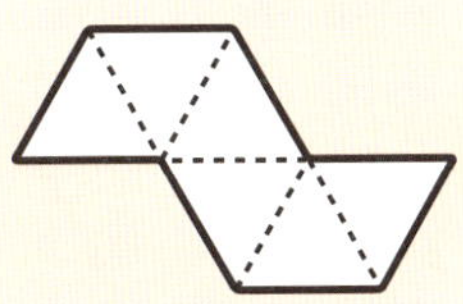 를 똑같이

☐(으)로 나눈 것 중의 ☐이므로 $\frac{☐}{☐}$ 입니다.

12. 분수 익히기 3

보기와 같이 주어진 조각으로 똑같이 나누고, 분수로 나타내 보세요.

보기

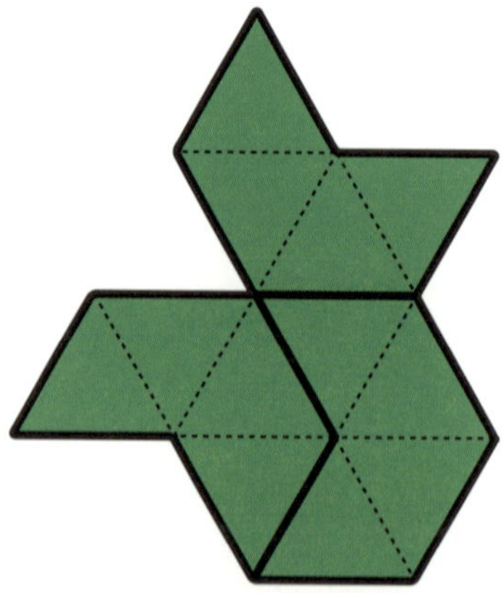

 는 전체의 $\frac{1}{6}$

 는 전체의 $\frac{1}{3}$

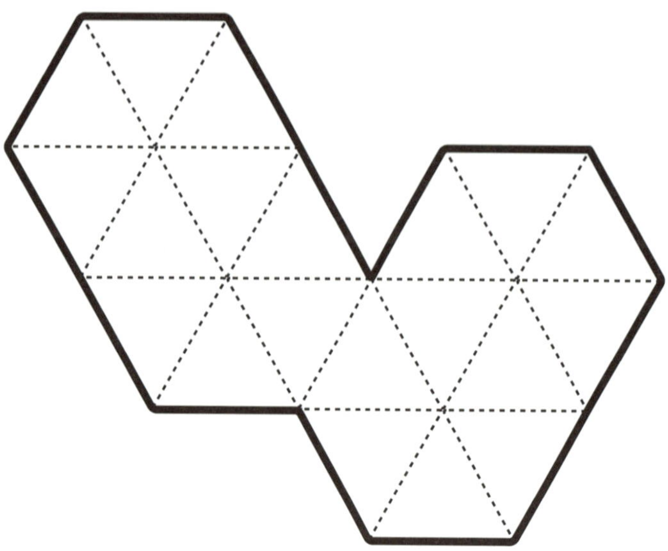

 는 전체의 $\frac{\square}{\square}$

 는 전체의 $\frac{\square}{\square}$

 는 전체의 $\frac{\square}{\square}$

주어진 조각들로 똑같이 나누고, 분수로 나타내 보세요.

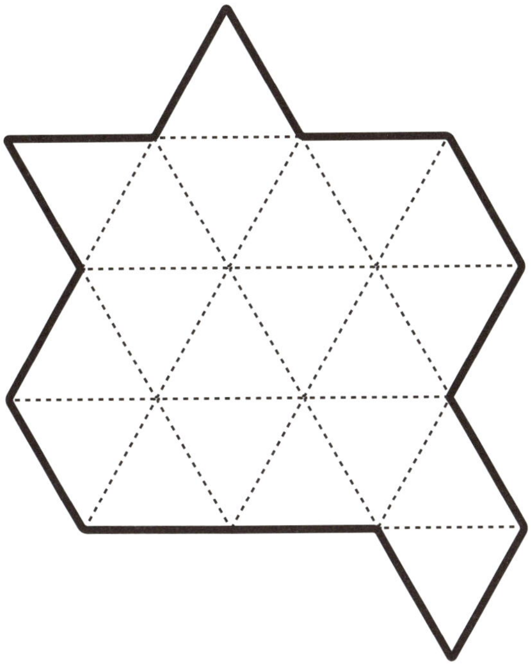

 는 전체의 $\frac{\square}{\square}$

 는 전체의 $\frac{\square}{\square}$

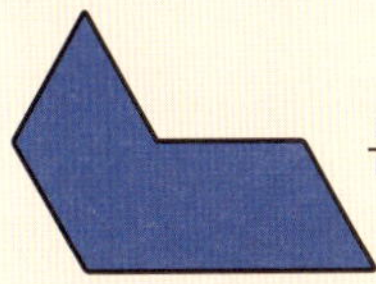 는 전체의 $\frac{\square}{\square}$

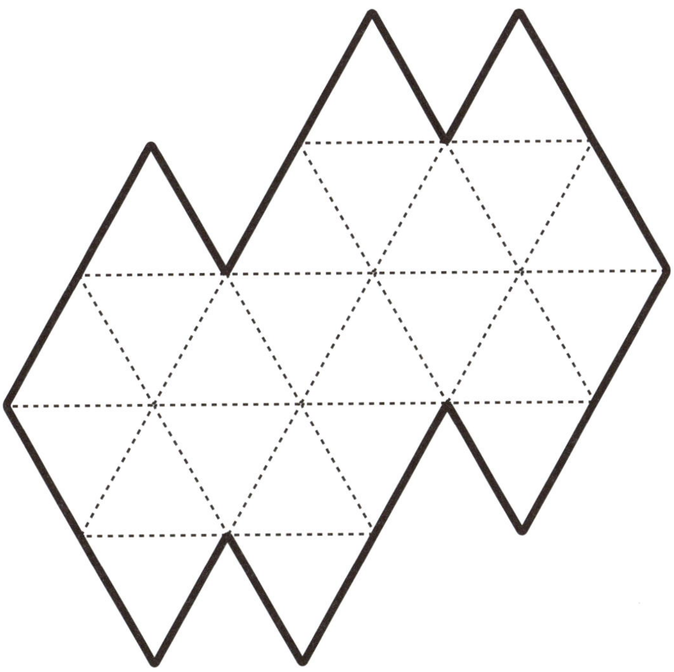

 는 전체의 $\frac{\square}{\square}$

 는 전체의 $\frac{\square}{\square}$

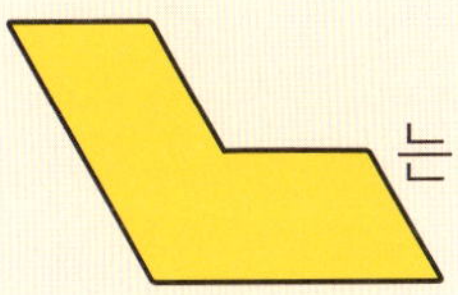 는 전체의 $\frac{\square}{\square}$

㉮와 ㉯중에서 크기가 큰 도형을 예상해보고 동시에 맞추어 확인해 보세요.

㉮

6조각

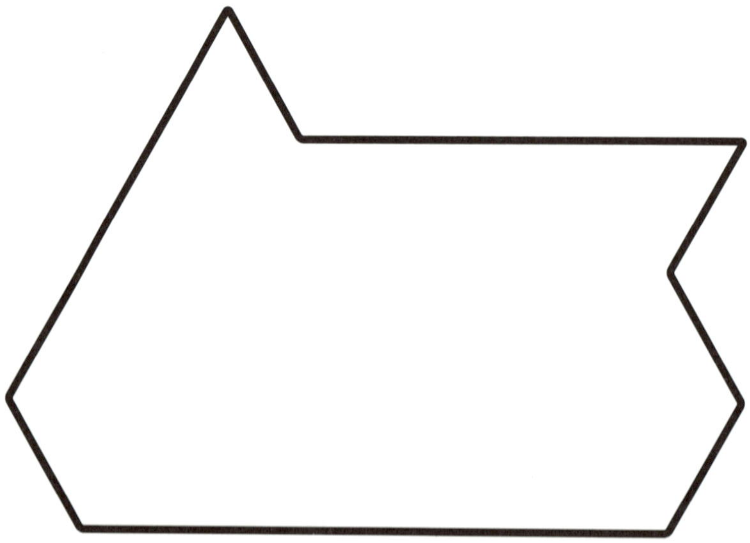

크기 : ____________

예상	확인

㉯

6조각

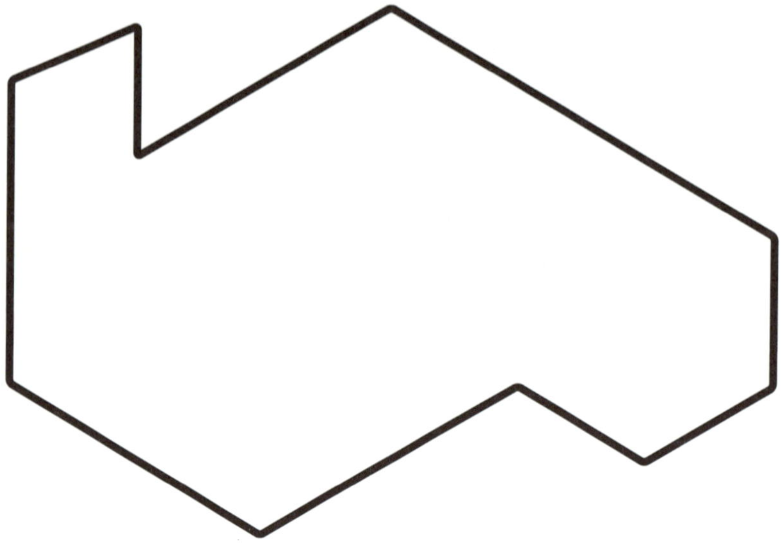

크기 : ____________

㉰와 ㉱중에서 크기가 큰 도형을 예상해보고 동시에 맞추어 확인해 보세요.

㉰

7조각

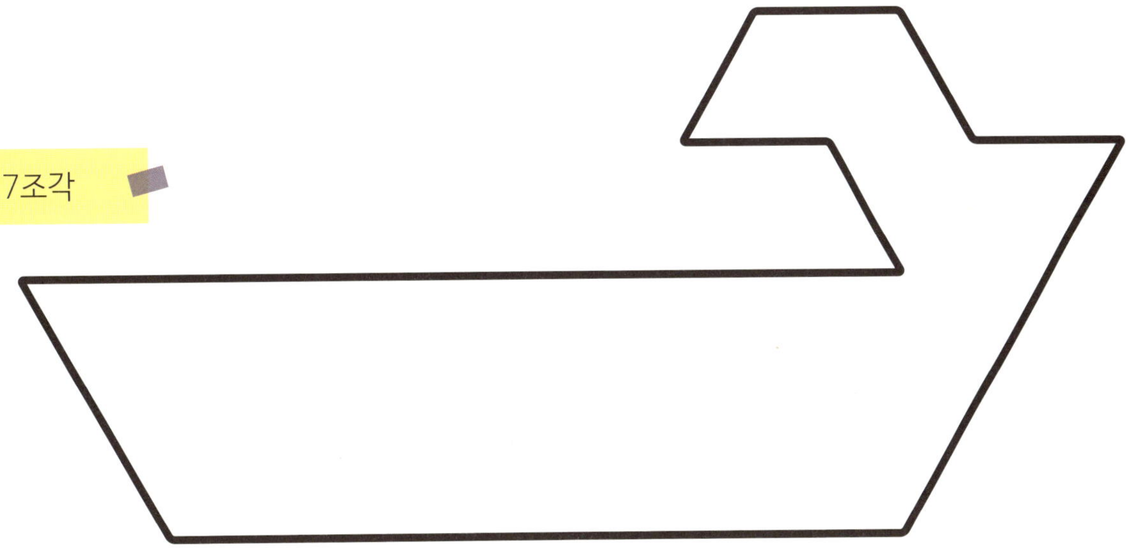

크기 : ____________________

예상	확인

㉱

7조각

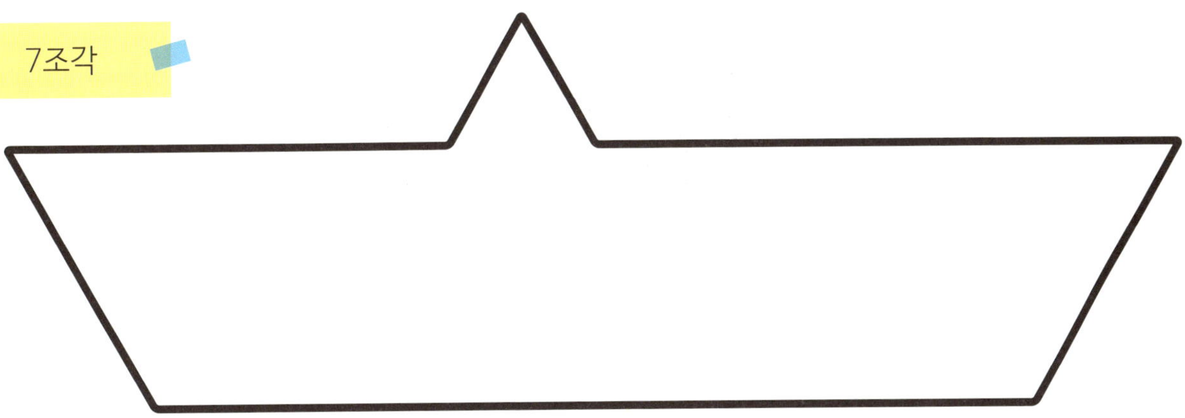

크기 : ____________________

티칭 가이드 이 책에서 동시에 맞춘다는 의미는 흰색, 빨간색을 제외한 다른 조각은 중복해서 사용할 수 없음을 의미합니다.

14. 모양 맞추기 1

도형

다음 모양을 맞추어 보세요. 이때, 흰색 정삼각형은 사용하지 않습니다.

다음 모양을 맞추어 보세요. 이때, 흰색 정삼각형은 사용하지 않습니다.

15. 폴리아몬드 로직1

규칙성

보기와 같이 규칙에 맞게 폴리아몬드 조각을 놓아 보세요.

규칙

1. 제시된 조각을 사용합니다.

2. 주어진 조각끼리는 변끼리 만나지 않습니다.

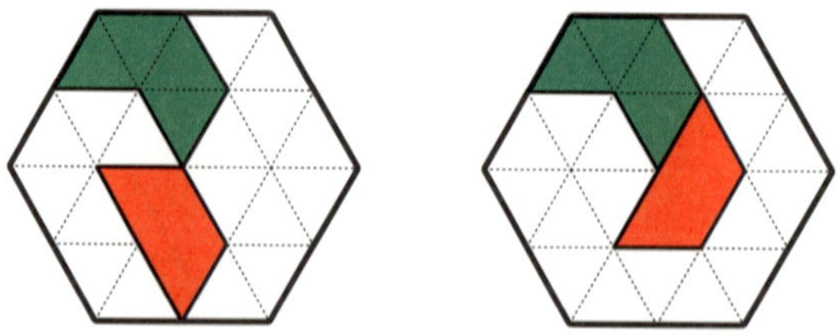

(○) (×)

3. 각 원안의 숫자는 화살표 방향으로 색칠되어있는 칸의 수입니다.

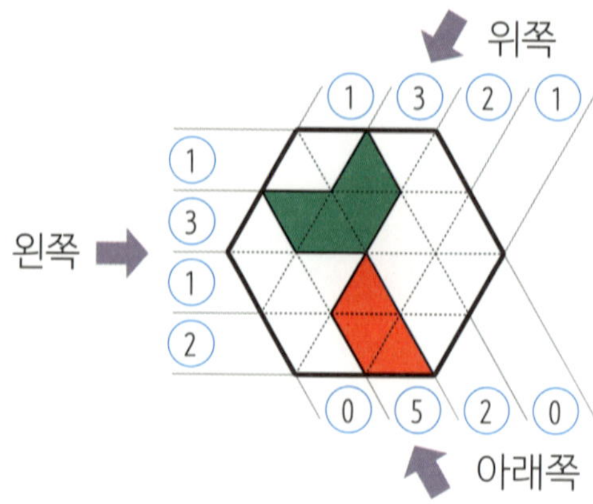

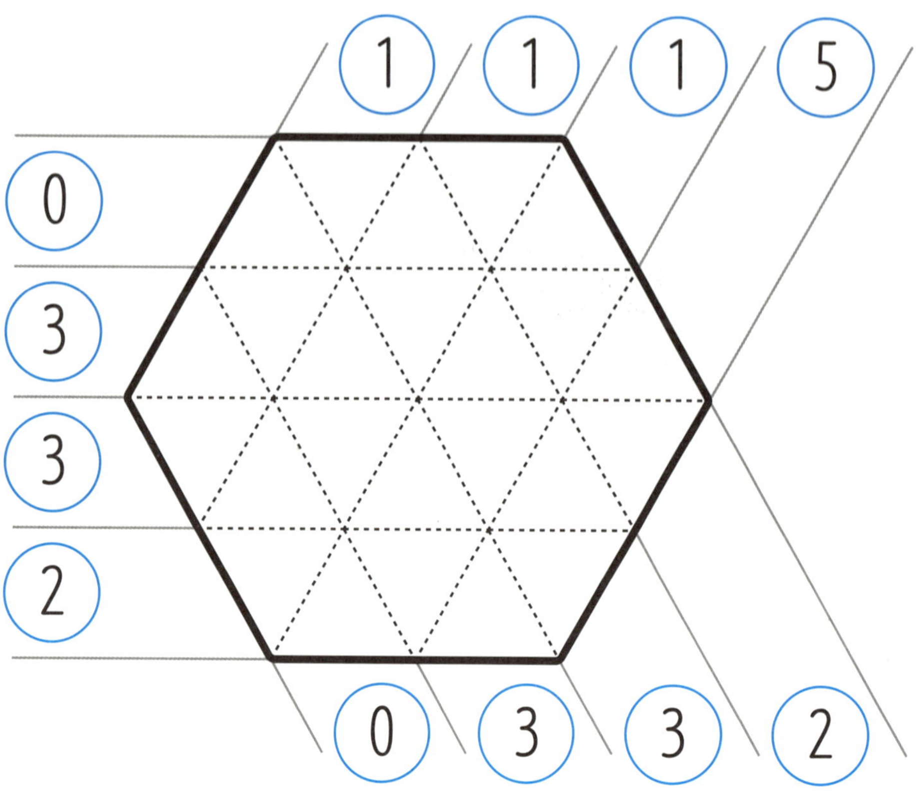

규칙에 맞게 폴리아몬드 조각을 놓아 보세요.

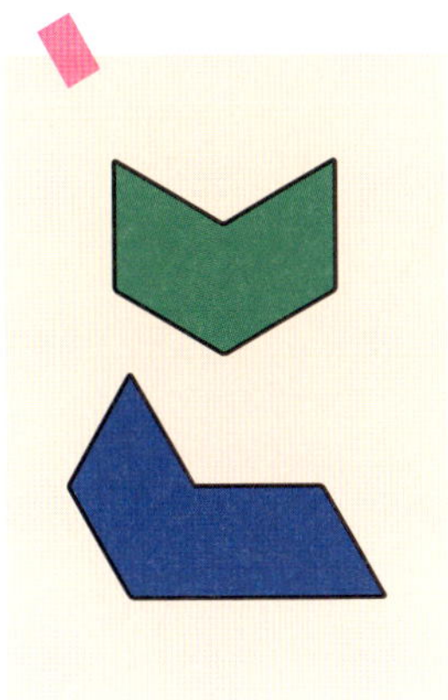

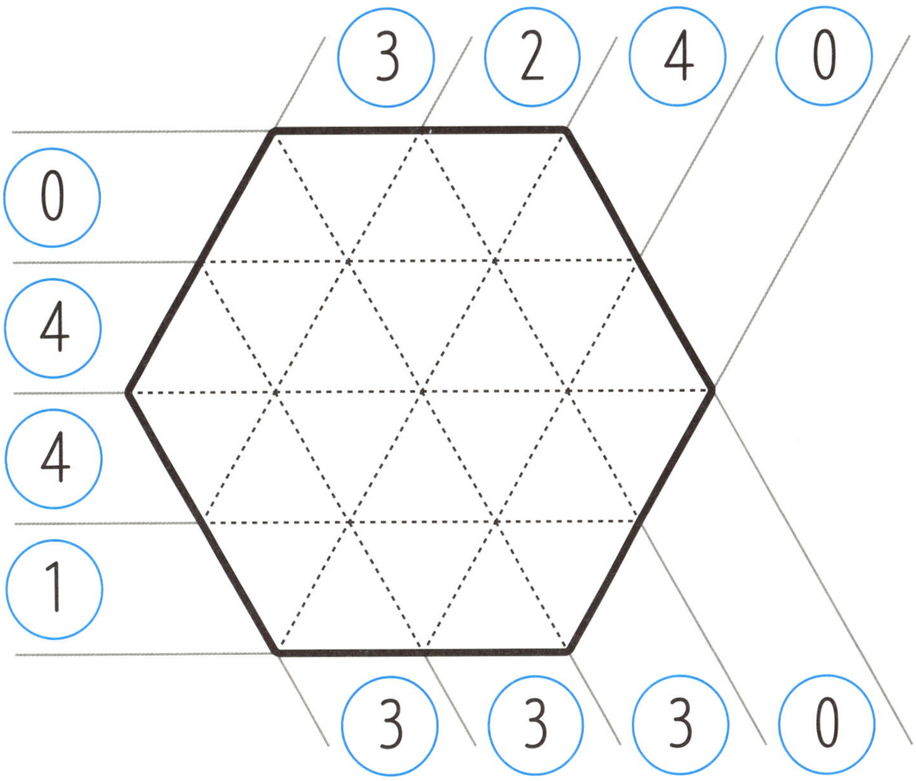

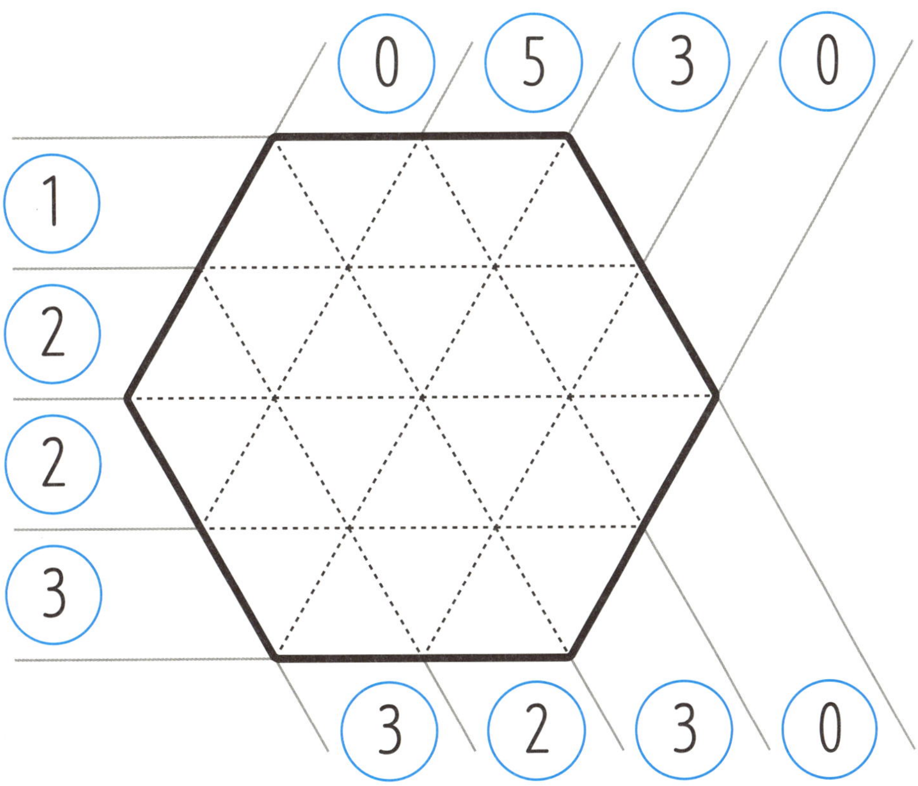

16. 폴리아몬드 로직2

규칙성

규칙에 맞게 폴리아몬드 조각을 놓아 보세요.

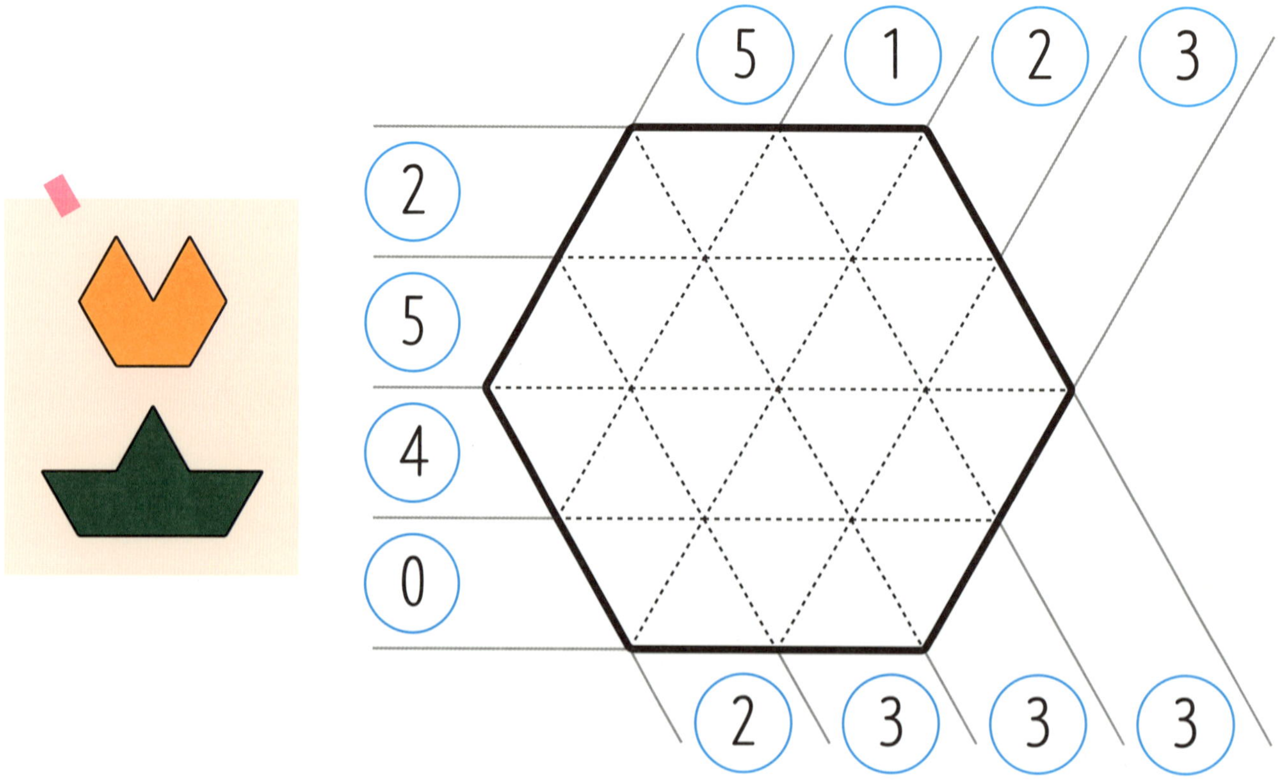

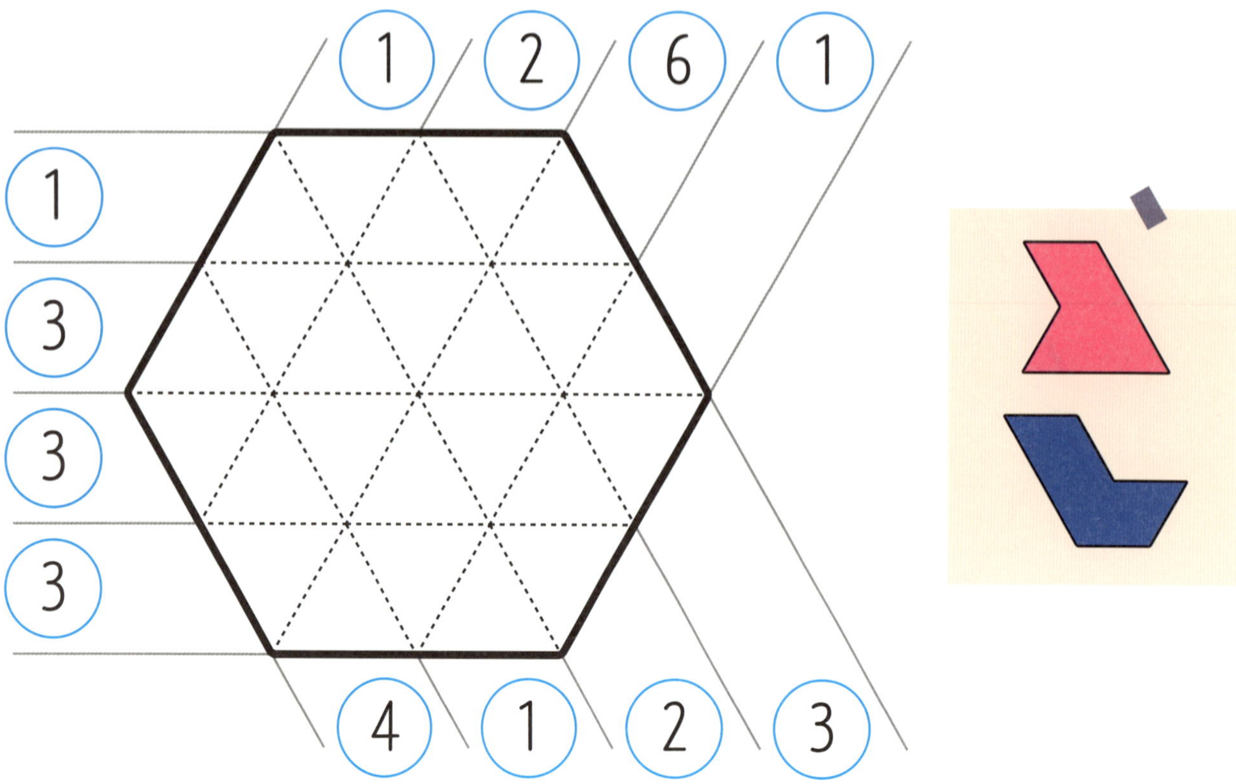

규칙에 맞게 폴리아몬드 조각을 놓아 보세요.

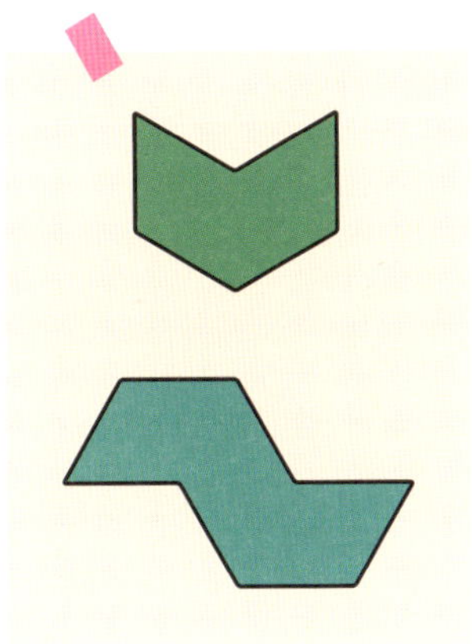

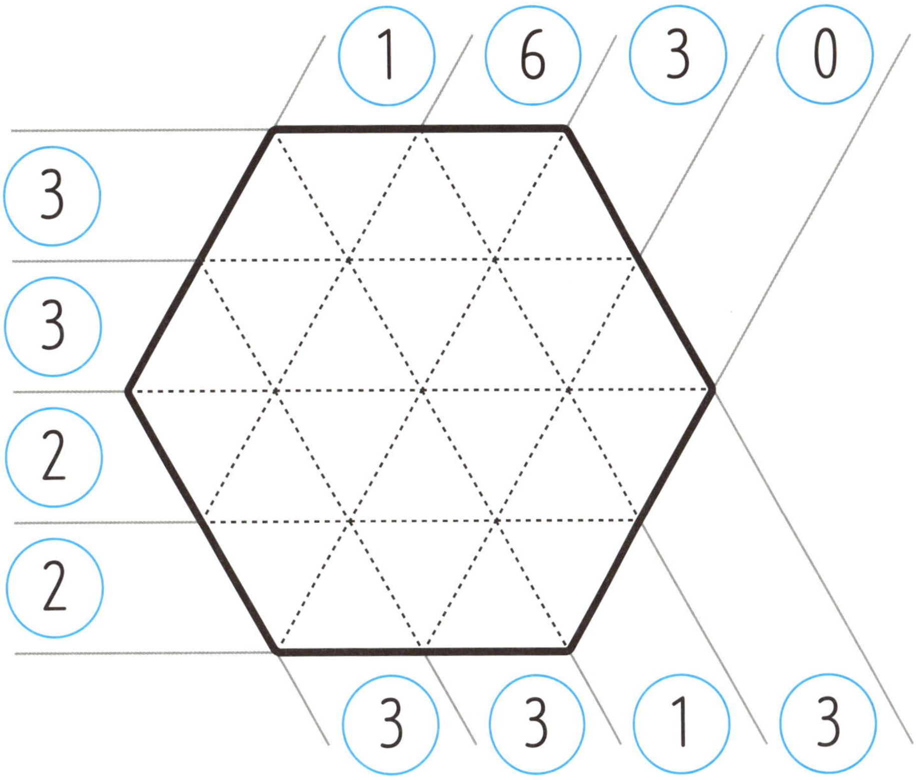

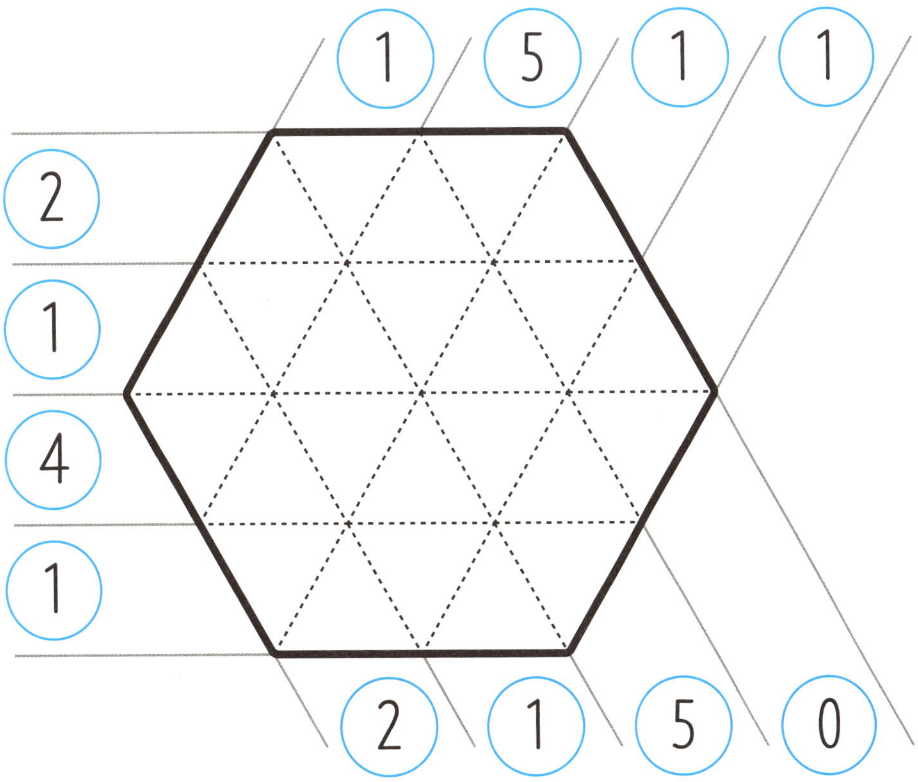

17. 폴리아몬드 로직3

규칙성

규칙에 맞게 폴리아몬드 조각을 놓아 보세요.

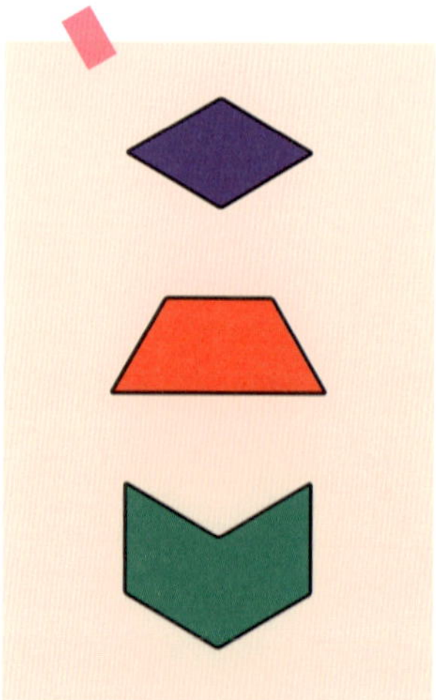

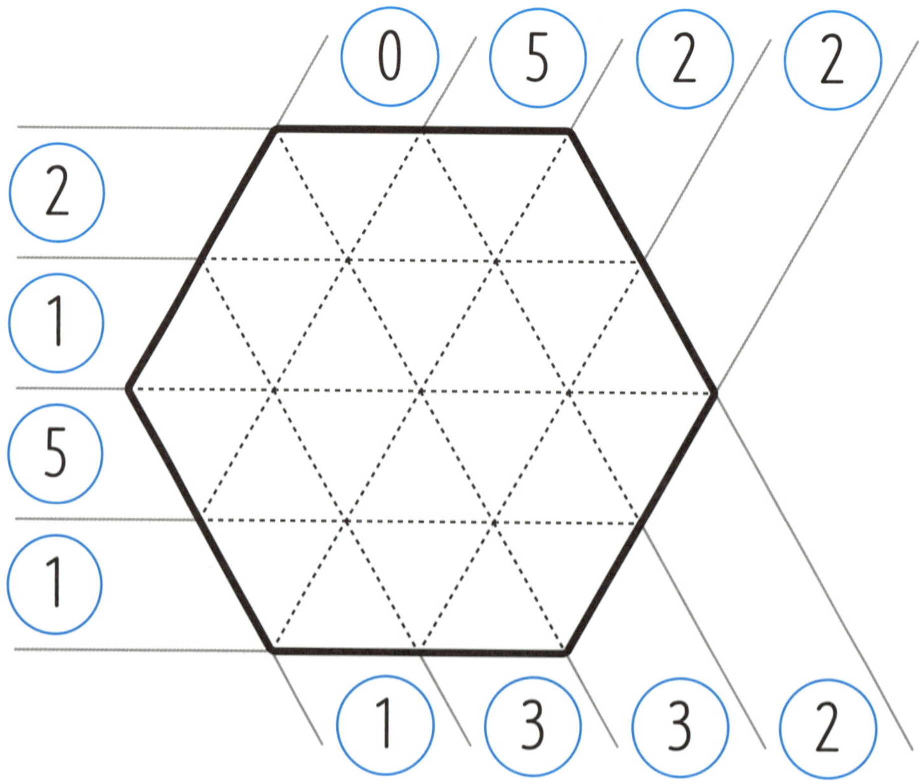

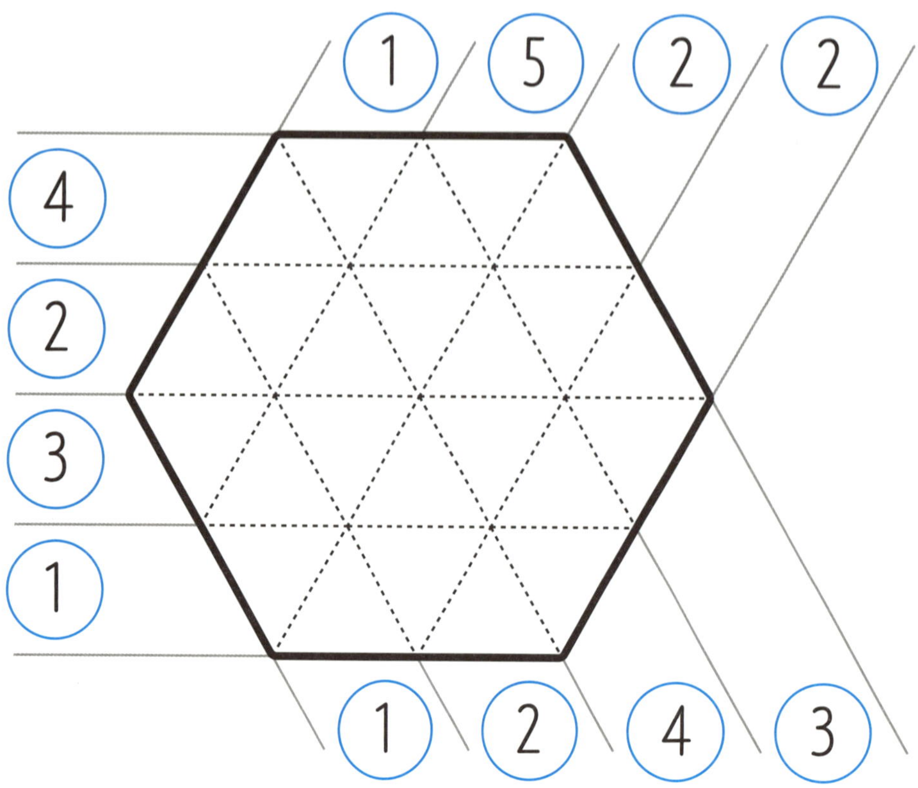

규칙에 맞게 폴리아몬드 조각을 놓아 보세요.

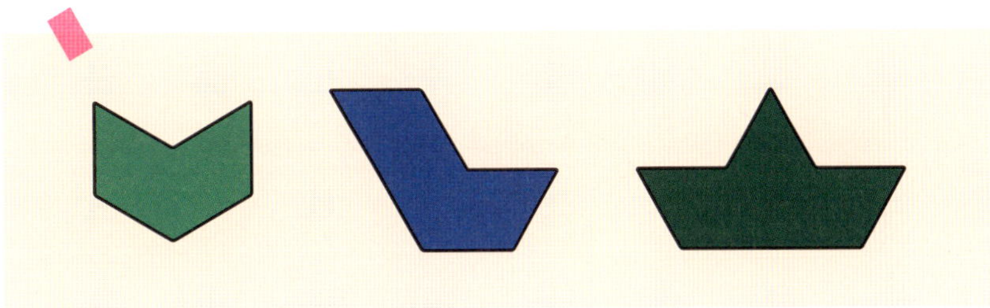

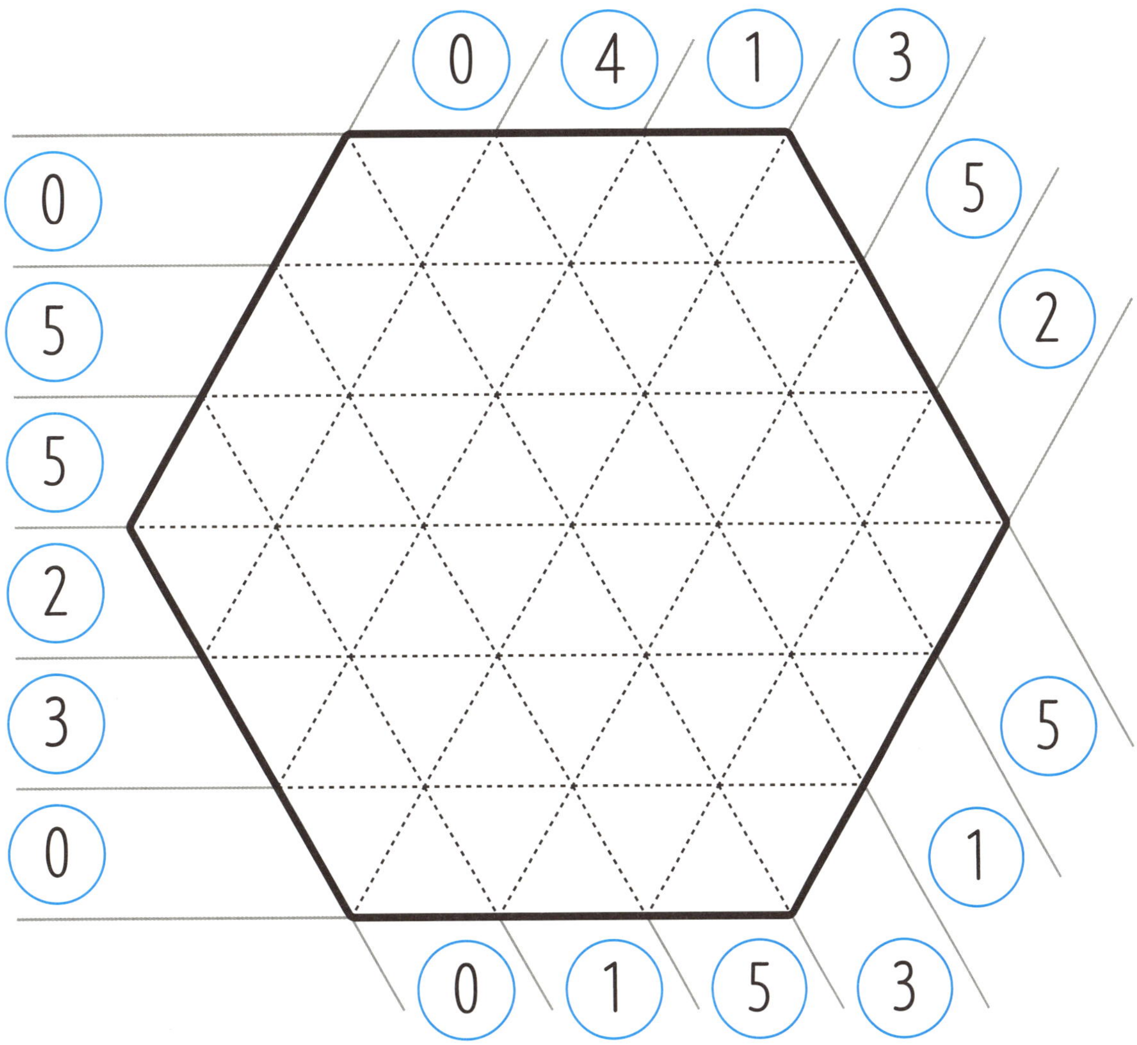

18. 폴리아몬드 로직4

규칙에 맞게 폴리아몬드 조각을 놓아 보세요.

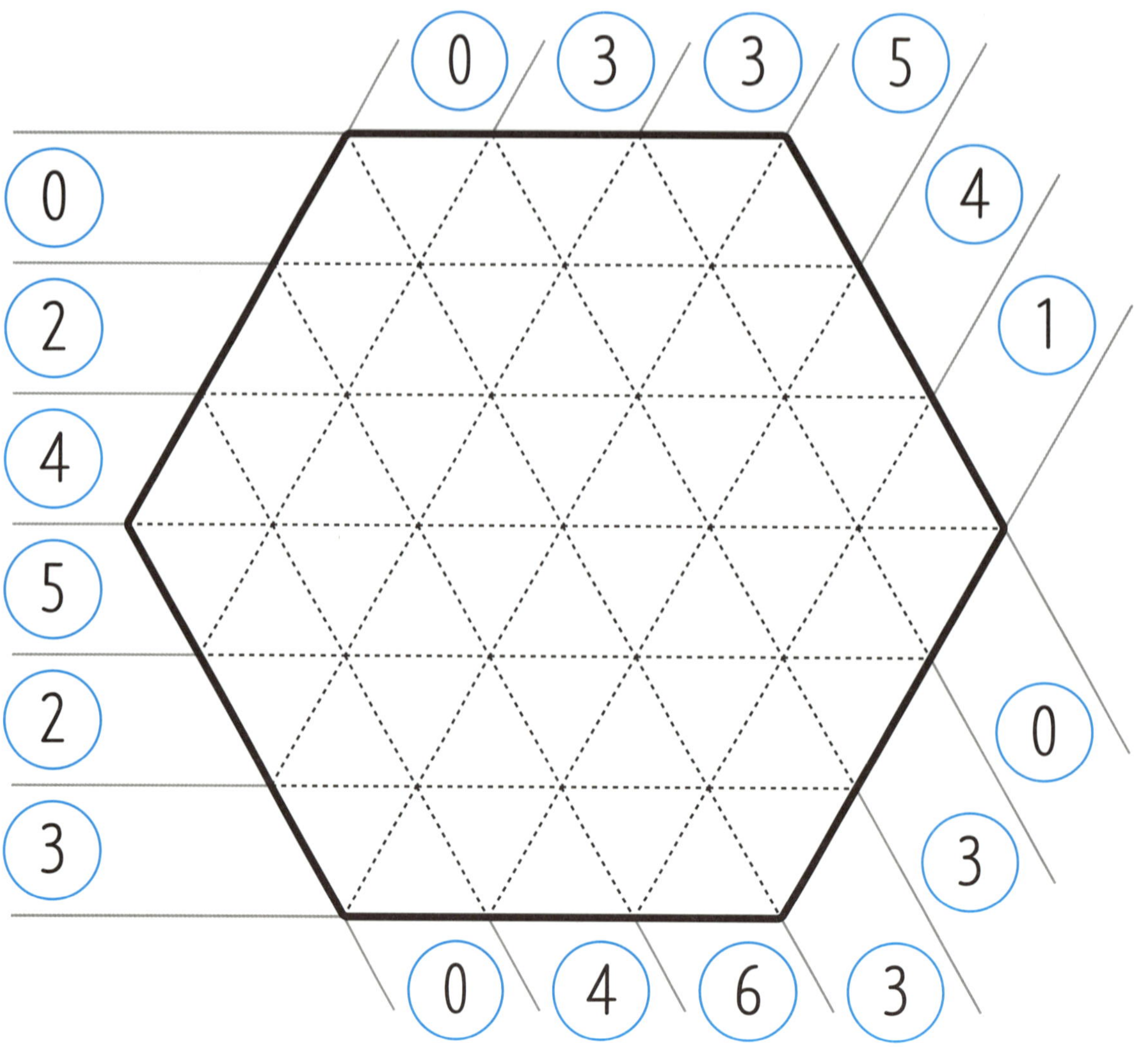

규칙에 맞게 폴리아몬드 조각을 놓아 보세요.

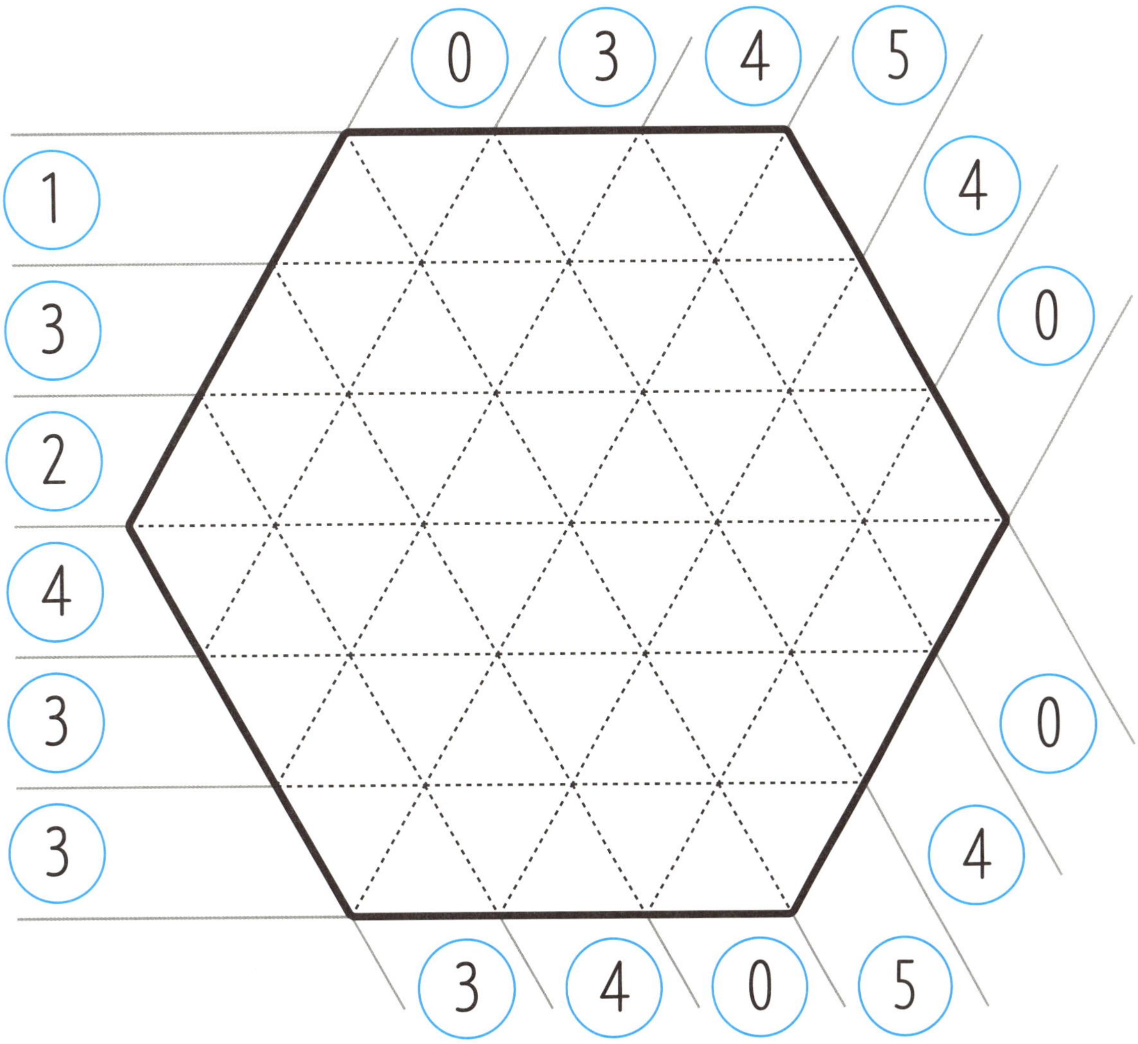

19. 모양 맞추기 2

다음 모양을 맞추어 보세요. 이때, 같은 색 조각은 변끼리 만나지 않습니다.

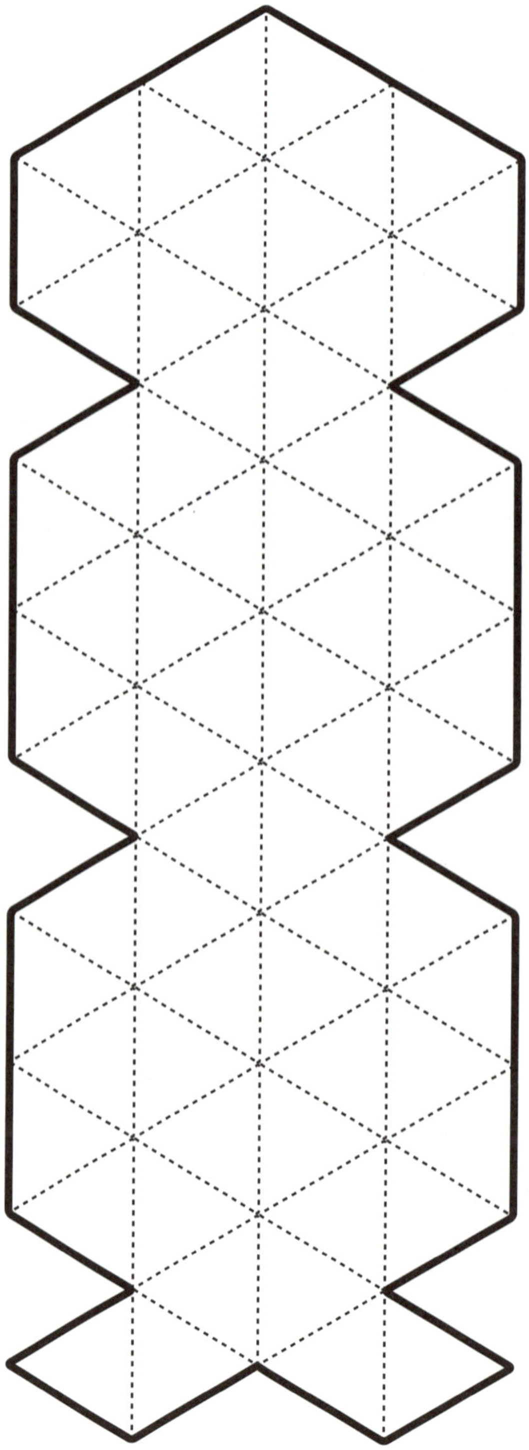

다음 모양을 맞추어 보세요. 이때, 같은 색 조각은 변끼리 만나지 않습니다.

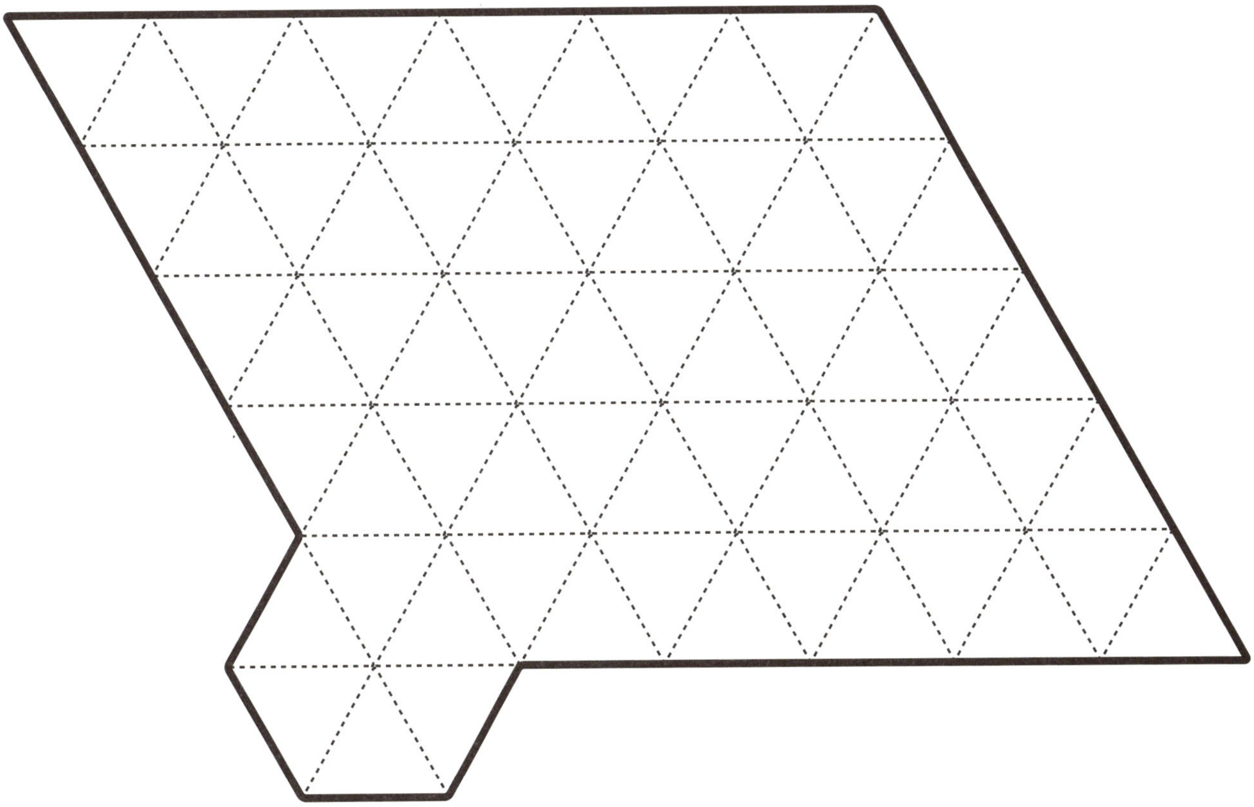

20. 모양 맞추기 3

다음 모양을 맞추어 보세요. 이때, 같은 색 조각은 변끼리 만나지 않습니다.

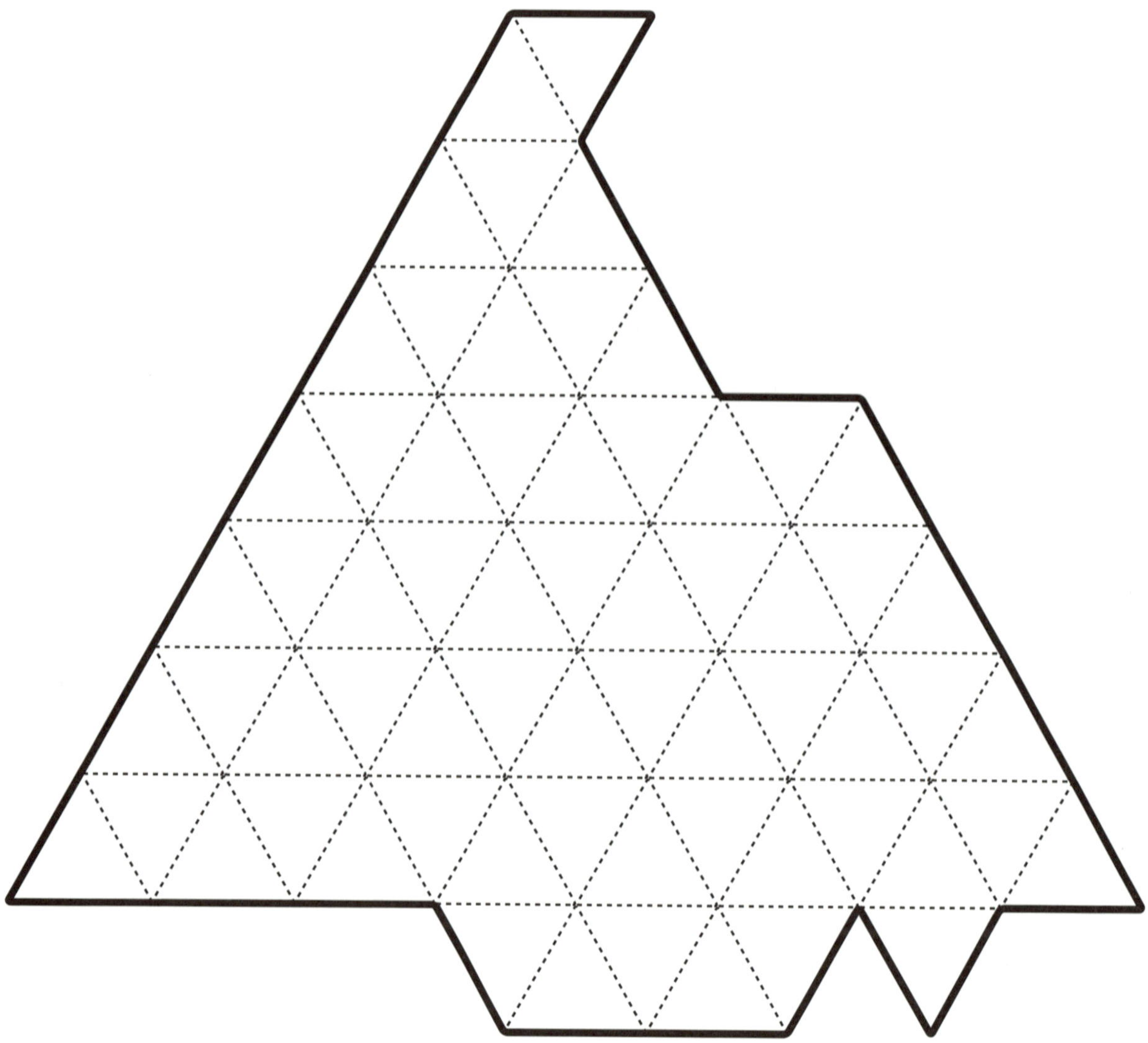

다음 모양을 맞추어 보세요. 이때, 같은 색 조각은 변끼리 만나지 않습니다.

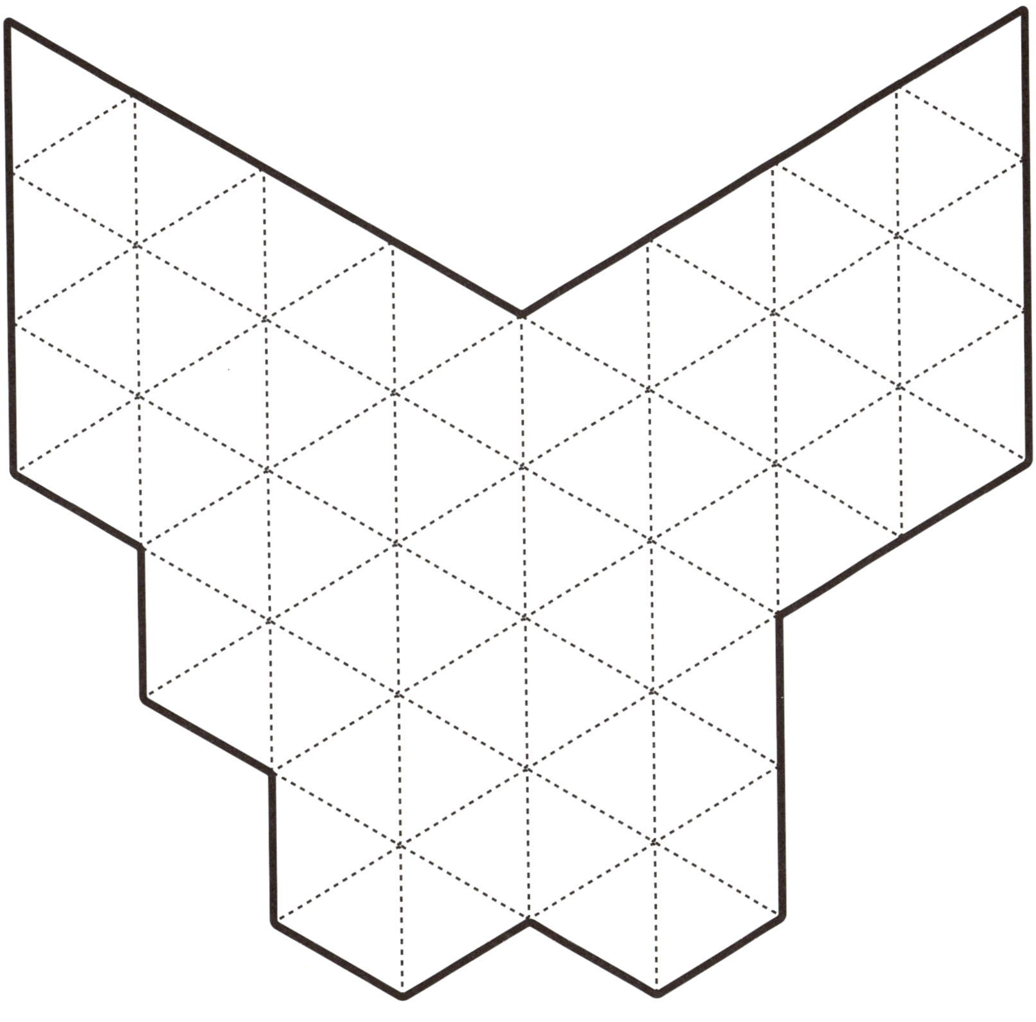

정답 제시된 방법 외에 다양한 답이 나올 수 있습니다.

p.6

1. 크기 약속하기

도형

△의 크기를 1이라고 약속합니다. 다음 모양을 크기가 1인 삼각형 조각들로 맞추고 크기를 써넣으세요. 각 조각들의 이름도 약속해 보세요.

= 1 (작은)정삼각형

조각들의 재미있는 이름을 지어보자!

2 마름모

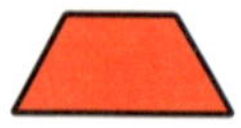

3 사다리꼴

4 평행사변형

5 상어

4 비행기

5 사자

p.7

교구탐색

다음 모양을 크기가 1인 삼각형 조각들로 맞추고 크기를 써넣으세요. 각 조각들의 이름도 약속해 보세요.

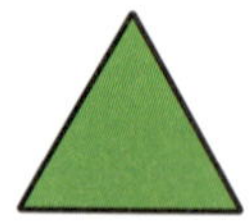

4 (큰)정삼각형

5 여우

5 지붕

6 갈매기

6 애벌레

6 왕관

p.8

2. 폴리아몬드 구성알기 1

도형

폴리아몬드에 대해서 알아보고 주어진 물음에 답하세요.

폴리아몬드란 정삼각형을 변끼리 붙여서 만든 서로 다른 도형을 말합니다.

△ 한 조각으로 만들 수 있는 모양을 모니아몬드(Moniamond),

△ 두 조각으로 만들 수 있는 모양 ◆ 을 다이아몬드(Diamond)라고 합니다.

다이아몬드에 정삼각형 1조각을 붙여서 만들 수 있는 모양을 모두 찾아보세요.
이때 돌리거나 뒤집어서 같아지는 것은 한 가지로 생각합니다.

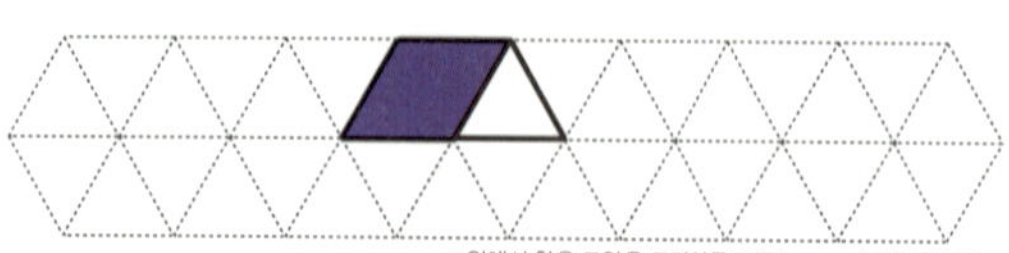

• 위에서 찾은 모양을 트리아몬드(Triamond)라고 합니다.

트리아몬드에 정삼각형 1조각을 붙여서 만들 수 있는 모양을 모두 찾아보세요.
이때 돌리거나 뒤집어서 같아지는 것은 한 가지로 생각합니다.

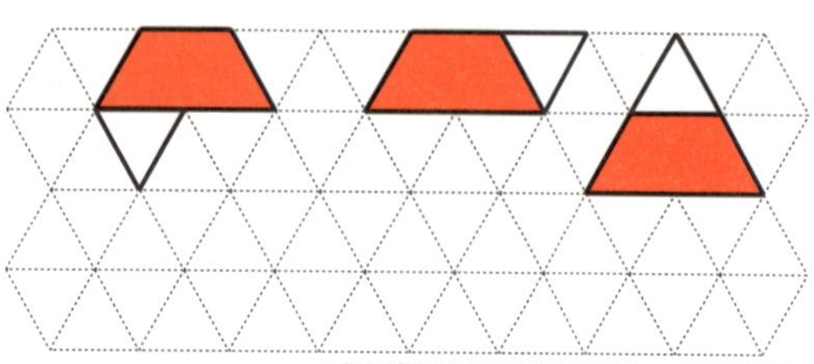

• 위에서 찾은 모양을 테트리아몬드(Tetriamond)라고 합니다.

p.9

교구탐색

테트리아몬드에 정삼각형 1조각을 붙여서 만들 수 있는 모양을 모두 찾아보세요. 이때 돌리거나 뒤집어서 같아지는 것은 한 가지로 생각합니다.

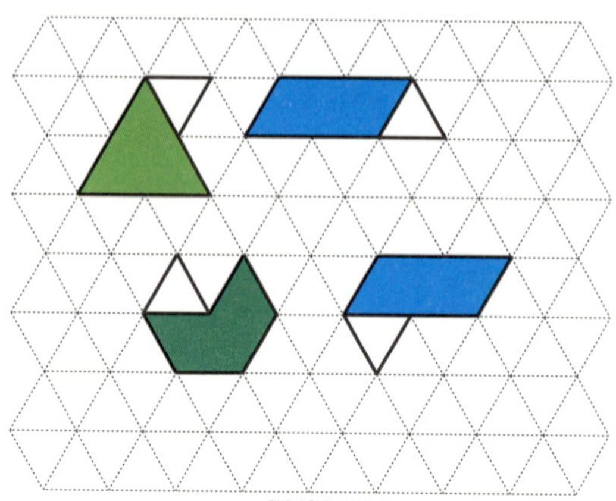

• 위에서 찾은 모양을 펜티아몬드(Pentiamond)라고 합니다.

제시된 방법 외에 다양한 답이 나올 수 있습니다.

p.10

3. 폴리아몬드 구성알기 2

도형

펜티아몬드에 정삼각형 1조각을 붙여서 만들 수 있는 모양을 모두 찾아보세요. 이때 돌리거나 뒤집어서 같아지는 것은 한 가지로 생각합니다.

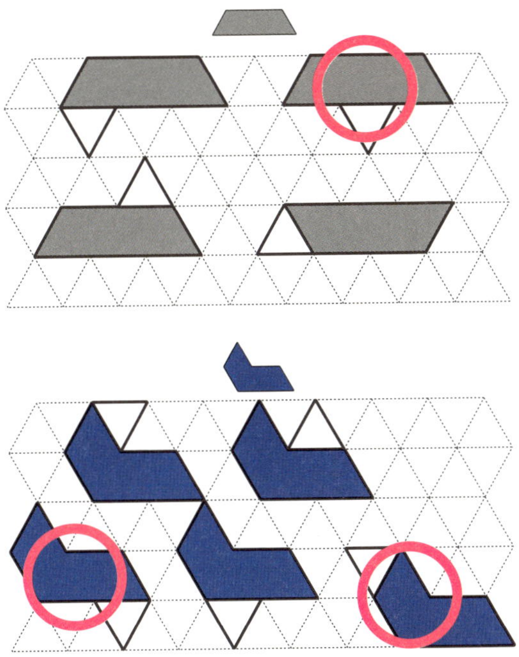

10 CHALLENGE STEP 3

p.11

교구탐색

펜티아몬드에 정삼각형 1조각을 붙여서 만들 수 있는 모양을 모두 찾아보세요. 이때 돌리거나 뒤집어서 같아지는 것은 한 가지로 생각합니다.

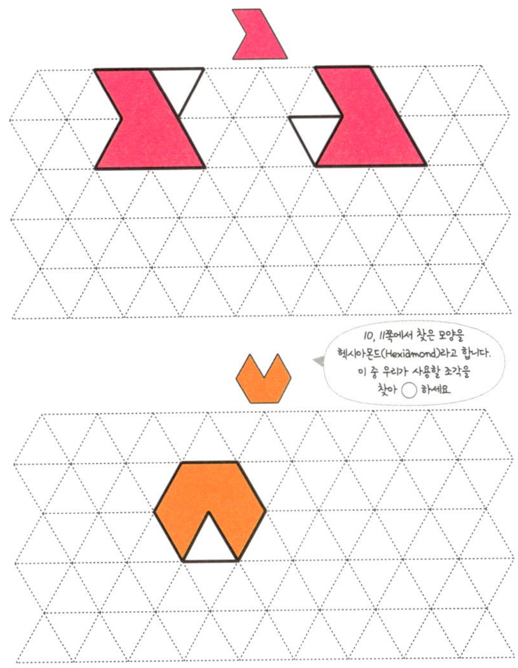

폴리아몬드 11

p.12

4. 변끼리 붙인 도형

도형

다음의 두 도형을 변끼리 붙여서 만들 수 있는 모양을 찾아보세요. 이때 돌리거나 뒤집어서 같아지는 것은 한 가지로 생각합니다.

12 STEP 3

p.13

변끼리 붙인 도형

다음의 두 도형을 변끼리 붙여서 만들 수 있는 모양을 찾아보세요. 이때 돌리거나 뒤집어서 같아지는 것은 한 가지로 생각합니다.

폴리아몬드 13

정답 제시된 방법 외에 다양한 답이 나올 수 있습니다.

p.14

5. 길이와 크기 관계 1 측정

삼각형을 맞추고 처음 삼각형 ㉮보다 몇 배 커졌는지 알아보세요.

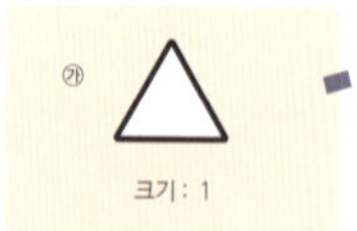

크기 : 4

길이는 2 배, 크기는 4 배 커졌습니다.

크기 : 9

길이는 3 배, 크기는 9 배 커졌습니다.

14 CHALLENGE STEP 3

p.15

길이와 크기 관계

삼각형을 맞추고 처음 삼각형 ㉮보다 몇 배 커졌는지 알아보세요.

크기 : 16

길이는 4 배, 크기는 16 배 커졌습니다.

크기 : 25

길이는 5 배, 크기는 25 배 커졌습니다.

폴리아몬드 15

p.16

6. 길이와 크기 관계 2 측정

작은 삼각형의 크기를 1이라고 합니다. 오각형을 맞추고 처음 오각형 ㉯보다 몇 배 커졌는지 알아보세요.

크기 : 7

크기 : 28

길이는 2 배, 크기는 4 배 커졌습니다.

16 CHALLENGE STEP 3

p.17

길이와 크기 관계

오각형을 맞추고 처음 오각형 ㉯보다 몇 배 커졌는지 알아보세요.

크기 : 63

길이는 3 배, 크기는 9 배 커졌습니다.

폴리아몬드 17

제시된 방법 외에 다양한 답이 나올 수 있습니다.

p.18

7. 길이와 크기 관계 3

측정

육각형을 맞추고 처음 육각형 ㉰보다 몇 배 커졌는지 알아보세요.

㉰

크기 : 6

크기 : 24

길이는 2 배, 크기는 4 배 커졌습니다.

p.19

길이와 크기 관계

육각형을 맞추고 처음 육각형 ㉰보다 몇 배 커졌는지 알아보세요.

크기 : 54

길이는 3 배, 크기는 9 배 커졌습니다.

p.20

8. 도형의 변신 1

도형

사다리꼴을 맞추고 맞춘 조각들을 사용하여 평행사변형을 맞추어 보세요.
이때, 흰색 정삼각형은 사용하지 않습니다.

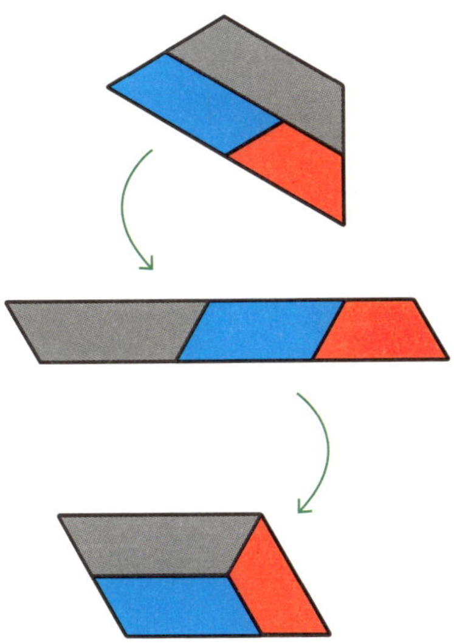

p.21

모양 맞추기

평행사변형을 맞추고 맞춘 조각들을 사용하여 육각형을 맞추어 보세요.
이때, 흰색 정삼각형은 사용하지 않습니다.

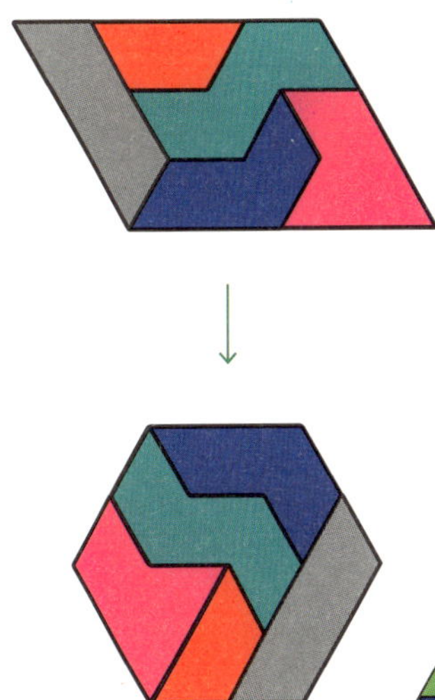

육각형에 한 조각을 추가하여 오각형을 만들어 보세요.

정답 제시된 방법 외에 다양한 답이 나올 수 있습니다.

p.22

9. 도형의 변신 2

도형

사다리꼴을 맞추고 맞춘 조각들을 사용하여 평행사변형을 맞추어 보세요.
이때, 흰색 정삼각형은 사용하지 않습니다.

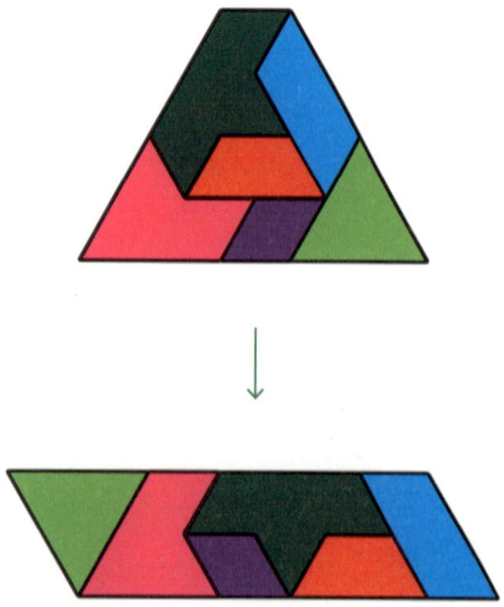

22 CHALLENGE STEP 3

p.23

모양 맞추기

오각형을 맞추고 맞춘 조각들을 사용하여 육각형을 맞추어 보세요.
이때, 흰색 정삼각형은 사용하지 않습니다.

폴리아몬드 23

p.24

10. 분수 익히기 1

수와 연산

분수에 대해서 알아봅시다.

보기

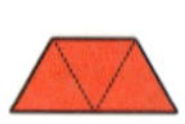

△는 전체를 똑같이 3으로 나눈 것 중의 1이며
이를 $\frac{1}{3}$이라 쓰고, **3분의 1**이라고 읽습니다.
$\frac{1}{3}$과 같은 수를 **분수**라고 합니다.

$\frac{1}{3}$ ← 분자, 분모

빈칸에 알맞은 답을 쓰세요.

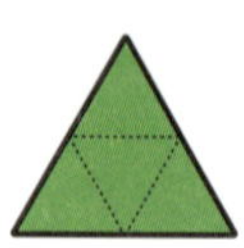

△는 전체의 $\frac{1}{4}$

읽기 : 4분의 1

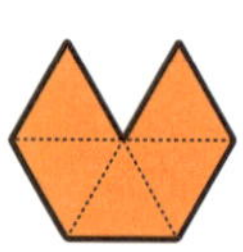

△는 전체의 $\frac{1}{5}$

읽기 : 5분의 1

24 CHALLENGE STEP 3

p.25

분수 알기

빈칸에 알맞은 답을 쓰세요.

▱는 전체의 $\frac{1}{2}=\frac{2}{4}$

읽기 : 2분의 1
4분의 2

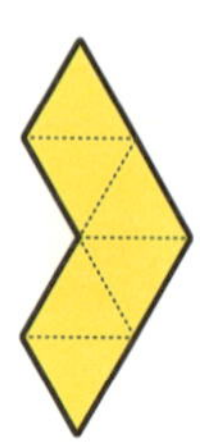

▱는 전체의 $\frac{1}{3}=\frac{2}{6}$

읽기 : 3분의 1
6분의 2

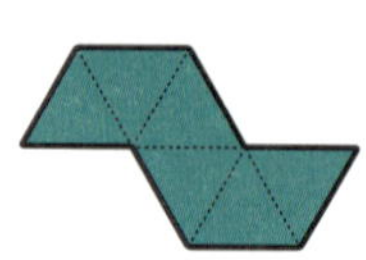

⏢는 전체의 $\frac{1}{2}=\frac{3}{6}$

읽기 : 2분의 1
6분의 3

티칭 가이드 오른쪽 모양으로 똑같이 나누어 보세요.

폴리아몬드 25

제시된 방법 외에 다양한 답이 나올 수 있습니다.

p.26

11. 분수 익히기 2

수와 연산

주어진 물음에 알맞은 답을 쓰세요.

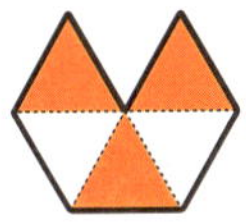

에서

부분 은 전체 를 똑같이

5 (으)로 나눈 것 중의 3 이므로 $\frac{3}{5}$ 입니다.

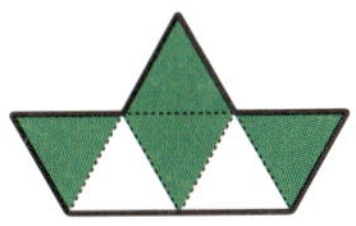

에서

부분 은 전체 를 똑같이

6 (으)로 나눈 것 중의 4 이므로 $\frac{4}{6}$ 입니다.

p.27

분수 알기

주어진 물음에 알맞은 답을 쓰세요.

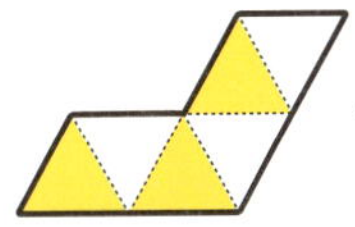

에서

부분 은 전체 를 똑같이

6 (으)로 나눈 것 중의 3 이므로 $\frac{3}{6}$ 입니다.

에서

부분 은 전체 를 똑같이

6 (으)로 나눈 것 중의 4 이므로 $\frac{4}{6}$ 입니다.

p.28

12. 분수 익히기 3

수와 연산

보기와 같이 주어진 조각으로 똑같이 나누고, 분수로 나타내 보세요.

보기

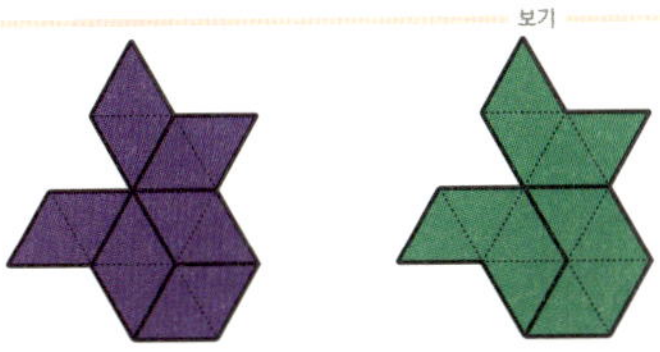

는 전체의 $\frac{1}{6}$

는 전체의 $\frac{1}{3}$

는 전체의 $\frac{1}{10}$

는 전체의 $\frac{1}{4}$

는 전체의 $\frac{1}{5}$

p.29

분수 알기

주어진 조각들로 똑같이 나누고, 분수로 나타내 보세요.

는 전체의 $\frac{1}{10}$

는 전체의 $\frac{1}{5}$

는 전체의 $\frac{1}{4}$

는 전체의 $\frac{1}{6}$

는 전체의 $\frac{1}{8}$

는 전체의 $\frac{1}{4}$

정답 제시된 방법 외에 다양한 답이 나올 수 있습니다.

p.30

13. 크기 비교

측정

㉮와 ㉯중에서 크기가 큰 도형을 예상해보고 동시에 맞추어 확인해 보세요.

㉮

6조각

크기 : 27

예상	확인
	㉯

㉯

6조각

크기 : 28

p.31

크기 비교

㉰와 ㉱중에서 크기가 큰 도형을 예상해보고 동시에 맞추어 확인해 보세요.

㉰

7조각

크기 : 30

예상	확인
	㉰

㉱

7조각

크기 : 29

티칭 가이드 이 책에서 동시에 맞춘다는 의미는 흰색, 빨간색을 제외한 다른 조각은 중복해서 사용할 수 없음을 의미합니다.

p.32

14. 모양 맞추기 1

도형

다음 모양을 맞추어 보세요. 이때, 흰색 정삼각형은 사용하지 않습니다.

p.33

모양 맞추기

다음 모양을 맞추어 보세요. 이때, 흰색 정삼각형은 사용하지 않습니다.

제시된 방법 외에 다양한 답이 나올 수 있습니다.

p.34

15. 폴리아몬드 로직1

규칙성

보기와 같이 규칙에 맞게 폴리아몬드 조각을 놓아 보세요.

규칙

1. 제시된 조각을 사용합니다.
2. 주어진 조각끼리는 변끼리 만나지 않습니다.
3. 각 원안의 숫자는 화살표 방향으로 색칠되어있는 칸의 수입니다.

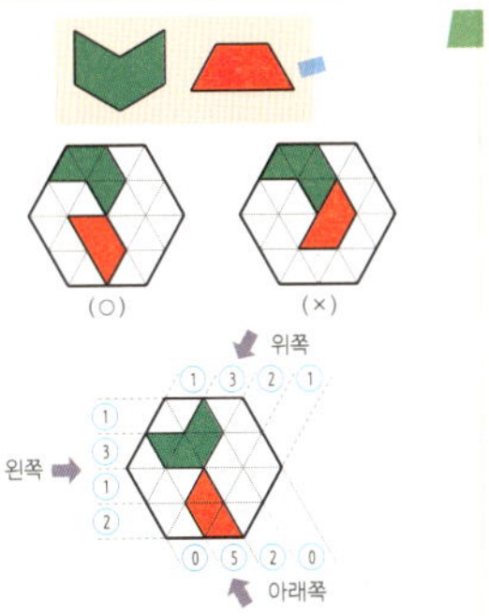

p.35

문제해결

규칙에 맞게 폴리아몬드 조각을 놓아 보세요.

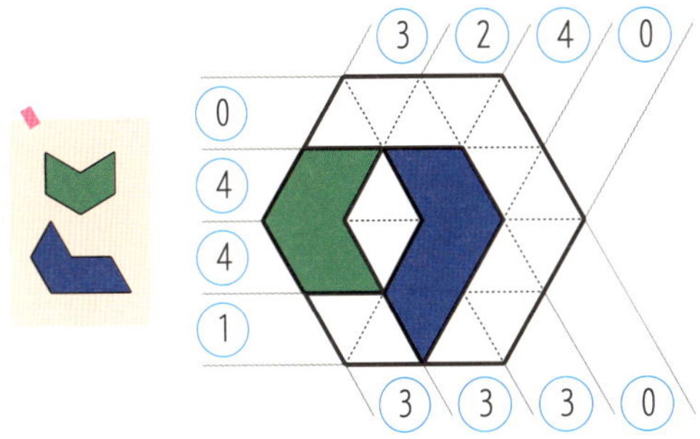

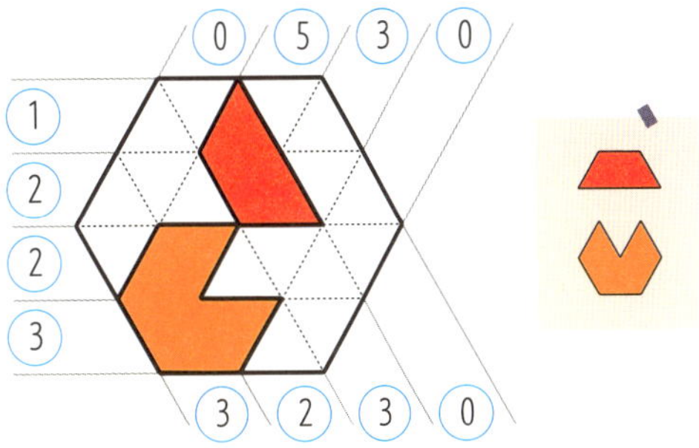

p.36

16. 폴리아몬드 로직2

규칙성

규칙에 맞게 폴리아몬드 조각을 놓아 보세요.

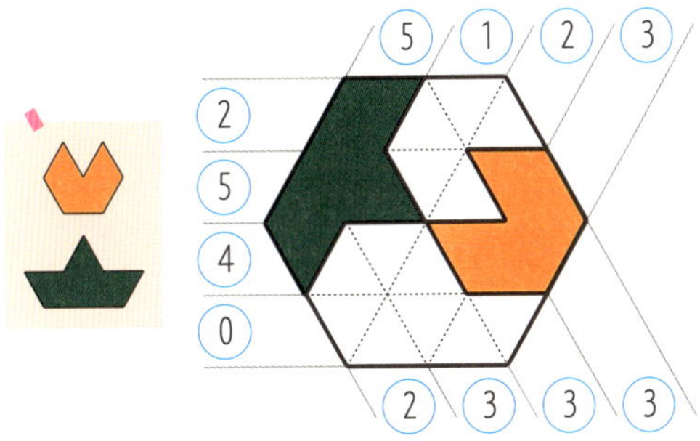

p.37

문제해결

규칙에 맞게 폴리아몬드 조각을 놓아 보세요.

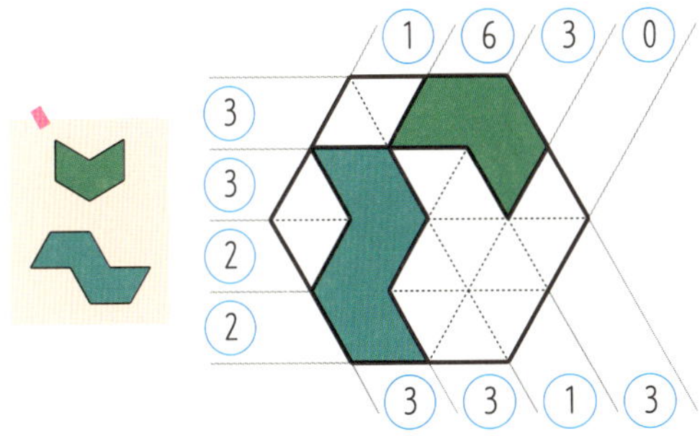

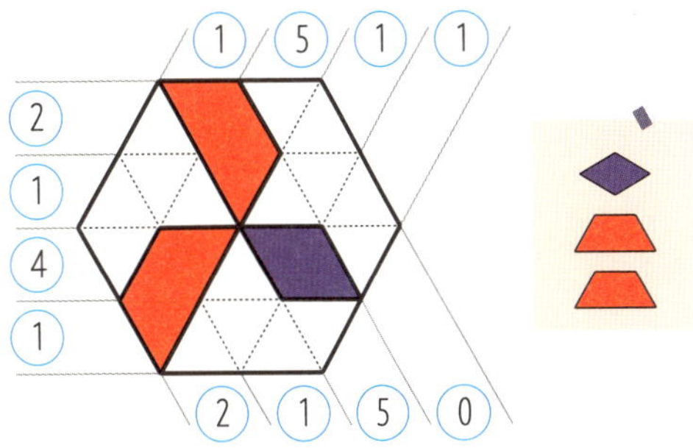

정답 제시된 방법 외에 다양한 답이 나올 수 있습니다.

p.38

17. 폴리아몬드 로직3

규칙성

규칙에 맞게 폴리아몬드 조각을 놓아 보세요.

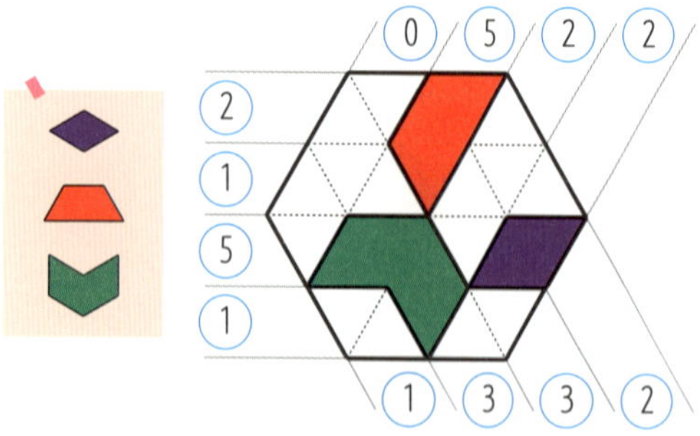

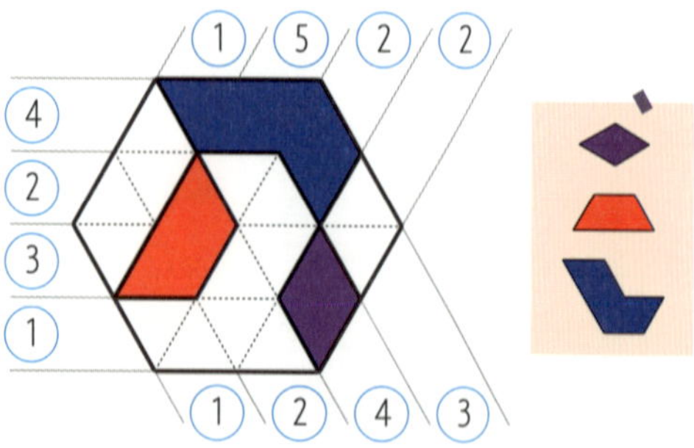

p.39

문제해결

규칙에 맞게 폴리아몬드 조각을 놓아 보세요.

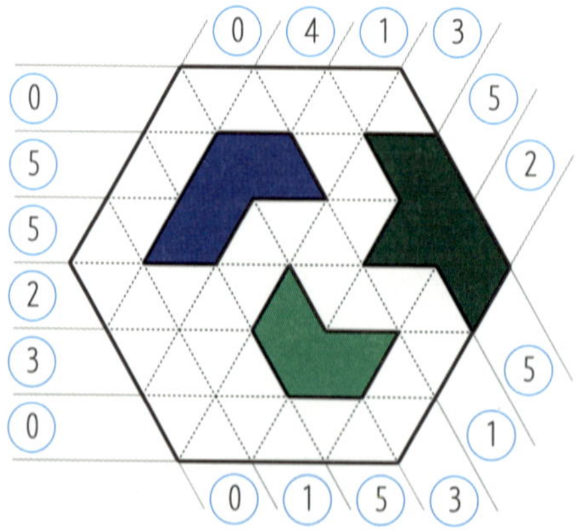

p.40

18. 폴리아몬드 로직4

규칙성

규칙에 맞게 폴리아몬드 조각을 놓아 보세요.

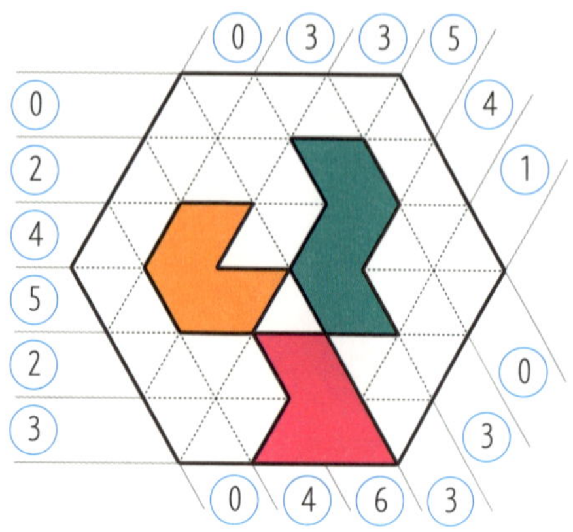

p.41

문제해결

규칙에 맞게 폴리아몬드 조각을 놓아 보세요.

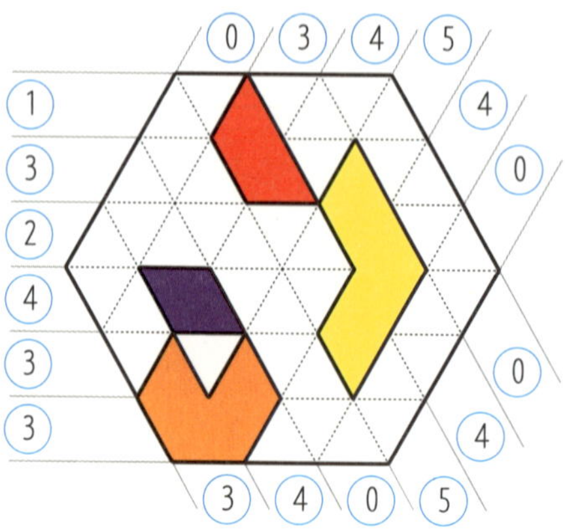

제시된 방법 외에 다양한 답이 나올 수 있습니다.

p.42

19. 모양 맞추기 2

도형

다음 모양을 맞추어 보세요. 이때, 같은 색 조각은 변끼리 만나지 않습니다.

p.43

모양 맞추기

다음 모양을 맞추어 보세요. 이때, 같은 색 조각은 변끼리 만나지 않습니다.

p.44

20. 모양 맞추기 3

도형

다음 모양을 맞추어 보세요. 이때, 같은 색 조각은 변끼리 만나지 않습니다.

p.45

모양 맞추기

다음 모양을 맞추어 보세요. 이때, 같은 색 조각은 변끼리 만나지 않습니다.

MEMO